I0008199

MEDIOS SOCIALES:
EL MANUAL DE SUPERVIVENCIA

Cómo utilizar los medios sociales para que
su negocio crezca exponencialmente

Sherrie A. Madia, Ph.D.

y

Paul Borgese

Traducido por Linda Grabner Travis

Full Court Press

Derechos de autor 2010 por Sherrie A. Madia y Paul Borgese

Todos los derechos reservados. Queda prohibida la reproducción total o parcial de esta obra por cualquier forma o medio, incluida la fotocopia o la grabación, o por cualquier sistema de almacenamiento y recuperación (con excepción de citas breves en artículos de crítica o reseñas), sin la autorización escrita de Full Court Press.

Full Court Press
División de Base Camp Communications, LLC
3 Woodstone Drive
Voorhees, NJ 08043

Búsquenos en Internet:
SocialMediaSurvivalGuide.com

Library of Congress Cataloging-in-Publication Data
Madia, Sherrie Ann, and Borgese, Paul.
Trans. Grabner Travis, Linda.
The Social Media Survival Guide / by Sherrie Madia and Paul Borgese.

Resumen: Prácticas óptimas de implementación de estrategias sostenibles en el uso de medios sociales para lograr éxito en los negocios.
p. cm.

ISBN: 978-0-9826185-2-3

2010924038

Impreso en los Estados Unidos de América

10 9 8 7 6 5 4 3 2 1   2nd Edición

CONTENIDO

PARTE III: MUESTRE SUS CARTAS

EQUIPOS DE SUPERVIVENCIA

AGRADECIMIENTOS

TAL COMO OCURRE CON CUALQUIER proyecto que evoluciona a medida que evoluciona el contenido mismo, este libro no hubiese tomado forma sin la ayuda de un equipo de personas de gran dedicación. Agradecemos especialmente a Dominique Basile, Allison Katz, Liza Lozovatskaya, Kathy Shaidle (cuya pasión por los medios sociales es obvia y continua —por favor, no nos envíes más artículos, ¡tenemos que entrar en imprenta!—) y Sonja Sherwood. Todas ellas demostraron excepcionales capacidades investigativas de búsqueda, y sobre todo una aguda capacidad para encontrar los últimos avances sobre todo lo relacionado con los medios sociales.

El equipo trabajó con plazos apretados y produjo resultados de máxima calidad. Gracias a Julee Song por su elegante diseño de portada. Por último, gracias a Diana Montané, que no sólo es un maravilloso editor de la edición española, sino también una amiga maravillosa.

Qualquier elemento que haya sido obviado dentro de este texto es claramente nuestro, ya que algunas de las aplicaciones mencionadas han evolucionado o involucionado. Es esa la situación actual de los medios sociales. Es el medio con el que estamos lidiando actualmente.

Si recién llega usted al campo de los medios sociales, le agradecemos que haya recurrido a su inteligencia e intuición al leer este libro. Nuestra esperanza es que llegue a transformarse en el primer paso en la desmitificación de los medios sociales y en la optimización de tácticas para asegurar, en última instancia, ventajas de mercadeo para su organización.

¿POR QUÉ DEBO
LEER ESTE LIBRO?

AL EMPEZAR A ESCRIBIR ESTE LIBRO, nos dimos cuenta de algo importante: el océno de los medios sociales es vasto, pero el mar de libros sobre los mismos también abunda. Usted podría leer en torno a este tema todo el día, todos los días, y descubrir que aún así no entiende con claridad ni exactitud de qué se trata.

Pensamos que eso no es una forma efectiva de utilizar su valioso tiempo.

Tampoco creemos que tenga mucho sentido volverse experto en técnicas de palabras clave del marketing basado en motores de búsqueda o en programar en lengua CSS para su página Twitter. Para esos propósitos usted puede valerse de equipos creativos y de TI.

Pero sí pensamos que si es usted capaz de comprender las implicaciones estratégicas que rodean los medios sociales y de percibirlas como elementos que son posibles de integrar en su plan actual de marketing y comunicación, recuperará todo el tiempo que necesita para enfocarse en la planificación y ejecución, con fin de producir un impacto inmediato en la captación de su público meta y emerger como el héroe de su empresa, no por manejar los medios sociales, sino por manejarlos *de manera inteligente*.

¿UN TERRÓN O DOS?

Si usted aún no ha activado una estrategia de medios sociales dentro de su organización, seguramente asume que todo el mundo ya se ha contagiado desde hace tiempo con la locura por los medios sociales y que usted es el último que se resiste. Pues le sorprenderá saber que la mayoría de las compañías todavía no tienen una visión clara respecto a lo que deben implantar dentro de este espacio digital —y algunas incluso se preguntan si deberían o no involucrarse en él—.

Las empresas enfrentan desafíos nunca antes abordados. Problemas tales como la caída de las membresías, suscripciones y ventas de productos y la pérdida de los que consideraban "regulares" en su base de clientes, son sólo algunos de los predicamentos que le quitan el sueño a la mayoría de los profesionales encargados de aumentar los resultados netos de sus compañías.

Hoy en día hay fácil acceso a productos iguales a los suyos (pero a precios con descuento) o al establecimiento de contactos comerciales a través de sitios de redes sociales (¡así ahorrándose esa cuota de inscripción de US$ 299!), por no mencionar los conocimientos sobre su sector obtenidos en seminarios de web, podcasts y videotutoriales —la mayoría de ellos gratuitos—. Como consecuencia de ésto, muchas de las conclusiones obvias que habríamos sacado en el pasado respecto al apetito de los consumidores por nuestros maravillosos conocimientos, destrezas y productos han dejado simplemente de ser válidas. Y el estado de la economía solo ha servido para exacerbar este problema.

Ahora más que nunca, tanto las organizaciones establecidas como las nuevas, las grandes marcas y las tiendas de barrio en *todos* los sectores deben ofrecer un valor tangible y accesible para los consumidores, o correr el riesgo de perderlos para siempre.

Y aún así, estas empresas —su empresa— también se encuentran en una posición única y ventajosa para poder captar nuevos grupos claves estableciendo elementos básicos de medios sociales, diseñados para brindarle a los consumidores soluciones especialmente diseñadas para sus necesidades más apremiantes.

Para plantear claramente la oportunidad: si usted siente que la marca de su producto está pasada de moda o que a su organización está "fuera del juego" a la hora de entender los deseos de los consumidores e incrementar los resultados, **los medios sociales le ofrecen a su compañía (o marca) la oportunidad de volver a tener vigencia.**

Desde los organismos sin fines de lucro hasta las organizaciones y asociaciones de los sectores gubernamental y corporativo, todos tienen las mismas necesidades: los consumidores que hasta ahora han preferido su sello distintivo de producto quieren disfrutar de otras ventajas de servicio, y de productos de adicionales. Tenga también en cuenta que aquellos consumidores quienes hasta ahora no han preferido su marca de producto deberían ser parte de su círculo íntimo, ya que ésto le ayuda a usted a comprender mejor sus intereses y dirigirse a ellos —antes de que otros tomen la delantera—.

Una sóla nota falsa en la Twittosfera puede ocasionar un desastre en las relaciones públicas de su marca. Esto es algo que hemos visto con demasiada frecuencia en las marcas que simplemente no sabían lo que estaba disponible y a su alcance.

Y créanos, la energía que perderá en corregir estos desastres —si aún es posible detener sus repercusiones— es mucha más que el tiempo que le habría tomado hacer las cosas bien desde un principio. Pero ésto implica saber por dónde empezar.

Por consiguiente, nuestra meta es ayudar a que usted se actualice de inmediato y que empiece a aplicar las tácticas de las redes sociales, no sólo como un medio para evitar crisis mayores sino también —y esto es absolutamente vital— para impulsar ventas, enfrentar y derrotar a la competencia y desarrollar formas de implementar herramientas esenciales diseñadas para lograr una captación inmediata de los clientes y, si se trabaja de la manera correcta, obtener aumentos espectaculares en los resultados finales.

Tal vez usted se pregunta por qué las estrategias que han funcionado en el pasado resultan ahora anacrónicas. Y quizás no es sólo porque usted perdió de vista la pelota durante el juego, sino porque su base de clientes ahora está jugando un partido distinto y en un campo diferente.

Si busca recuperar las ventas y utilidades perdidas o aumentar una base de clientes ya viable, debe crear nuevos canales de información que se dirijan a las necesidades de sus grupos claves, no sólamente una vez, sino de una forma continua y sostenible. Desde la perspectiva de los interesados y de los accionistas, ya la época de la megaventa anual, o de la actualización trimestral sin otras novedades durante los meses intermedios, cada una con su alcance y oportunidad limitados es cosa del pasado. El apetito del consumidor moderno requiere un compromiso por parte de usted en todo momento y a toda hora, lo cual, dependiendo de sus recursos, puede significar mensualmente, semanalmente o hasta a diario.

¿No nos crée? Observe a la competencia o los modelos empresariales semejantes a los suyos. ¿Sus competidores envían actualizaciones diarias a los clientes por celular? Si responde que sí, pues le están ganando. Quizás no en la comparación entre productos, pero le están ganando en ser los primeros en colocarse en la mente del consumidor, frente a su intento solamente ocasional en proporcionarle información inmediata y actualizada.

¿Cómo cambiar el proceso rápida y eficazmente? El primer paso es conocer a fondo los clientes. Y de hecho, que permitir que los clientes le conozcan a usted.

Y es precisamente en acelerar el proceso donde este manual le servirá de guía, aserorándole sobre las prácticas óptimas ("*best practices*") a implementar y las dificultades que debe a toda costa evitar en el contexto del marketing tradicional (por ejemplo, en la focalización y el posicionamiento), las tácticas, los recursos y el apoyo corporativo que va a necesitar para obtener el éxito deseado. Le asesoreramos sobre las consideraciones tácticas y la planificación estratégica y le ayudaremos a desarrollar su conocimiento sobre las capacidades realmente necesarias para utilizar y supervisar las herramientas de medios sociales.

La información que ofrecemos aquí parte de la perspectiva del marketing y la comunicación corporativa, y está diseñada para ayudarle a evaluar el nivel de capacidad técnica necesaria para lanzar —y mantener con éxito— las aplicaciones de medios sociales en su organización. Si es un profesional que necesita comprender, utilizar y tomar decisiones sobre el uso de medios sociales, entonces este libro es para usted.

Cada se capítulo enfoca en conocimientos prácticos: qué puede lograr su marca con cada herramienta, qué herramienta elegir, cómo manejar recursos en forma realista y eficaz y cómo escuchar, probar y medir los resultados de manera diligente a lo largo del proceso.

Le guiaremos en el uso estratégico de aplicaciones tales como Twitter, Facebook, YouTube y otras. Además, le ofreceremos puntos de vista relevantes sobre las políticas y el personal que tendrá que considerar, así como sobre el dilema que muchas compañías recién enfrentan hoy día, desde el salón de directorio hasta la sala de correos: el de alcanzar un equilibrio entre la identidad personal y la profesional.

Ponerse al día con las aplicaciones de medios sociales no tiene por qué ser arduo. Este libro le ayudará en la navegación de los mismos con consejos y tácticas para construir aplicaciones de medios sociales que se resulten efectivas y tangibles para su empresa. Al mismo tiempo, afinará las capacidades que ya usted, como empresario o empresaria, ya posée.

Los medios sociales se basan en crear una conversación continua con sus grupos claves; por lo tanto, presentaremos las prácticas óptimas para los tipos ideales de conversaciones que tendrá que desarrollar y mantener.

Por último, ofreceremos un método infalible para combinar los medios sociales de manera fluida y eficaz dentro del plan de marketing y comunicaciones de su empresa. Nuestra meta es que, al terminar este libro, usted esté preparado para alcanzar *una* meta fundamental a través de las tácticas de medios sociales: **contribuir a un rendimiento positivo sobre su inversión**.

Este *Manual de supervivencia*, que va por su segunda edición, le guiará a través de elementos tan esenciales como:

- Evaluar el nivel de apoyo del personal hacia sus esfuerzos. El éxito que usted logre con los medios sociales dependerá del apoyo que reciba dentro de su organización.

- Determinar objetivos a largo plazo para minimizar los riesgos y maximizar las oportunidades

• Evaluar el conjunto de capacidades de la empresa para determinar su conocimiento actual y qué más necesita saber sobre las aplicaciones de medios sociales

• Consejos antes de llamar a los expertos: indicadores que se deben tener en cuenta al contratar a un experto, y cómo asegurarse de recibir verdaderamente lo que se espera

• Desarrollar una minicampaña basada en los medios sociales. Esto no significa crear una cuenta en Facebook y dejarla abandonada, sino idear un ejercicio manejable diseñado para permitir que su organización "se remoje en las aguas" antes de sumergirse completamente.

• Entender la propuesta de valor que los medios sociales proporcionan y utilizarla para mejorar los esfuerzos existentes

• Construir las bases para las soluciones de última generación para asegurar el éxito continuado en el campo de los medios sociales como un elemento estándar de planificación e implementación

PARTE I

¿Quién cambió mi público?

NO SE ASUSTE, pero en medio del alboroto alrededor de la Web 2.0 y los nuevos medios de comunicación, existe un punto clave que es necesario conocer: la importancia de los medios sociales en su conjunto se encuentra, en términos de relevancia o popularidad, entre el aparato de VHS y la imprenta. O sea, que algunos elementos se desarrollarán y luego decaerán, mientras que otros causarán —y ya han causado— un cambio significativo e irreversible en el comportamiento de los consumidores, y por ende en las reacciones y el posicionamiento de las empresas.

1

Un nuevo *déjà vu* ... y otro más

L A OPINIÓN EXPRESADA en las líneas anteriores podría parecer un poco difícil de aceptar, en especial si usted es quien está a cargo de, bueno, de *encargarles* a los medios sociales la tarea de mantener relevante a su empresa en el espacio actual de los nuevos medios. Cualesquiera sean los elementos de la plataforma Web 2.0 o las tácticas de medios sociales que prevalezcan, la dinámica de captación de clientes ha cambiado el paradigma en formas que nadie puede permitirse ignorar. Y este cambio de paradigma ha desorientado a muchos profesionales de marketing y comunicaciones, aunque algunos sigan renuentes a reconocerlo.

Pero parte de lo relacionado con los nuevos medios no es en realidad tan novedoso como usted pueda suponer. Nuestras metas comerciales son esencialmente las mismas: seguimos intentando con todas nuestras fuerzas interesar al público en nuestras marcas y productos, y buscamos optimizar la publicidad positiva y minimizar las crisis. En medio de la batalla campal para alcanzar estas metas mediante tácticas de redes sociales, usted se habrá dado cuenta de que hay un número bastante perturbador de "expertos en medios sociales" en el ciberespacio.

De cierta forma, casi no se los puede culpar por creer que saben más de lo que en realidad saben. Hoy en día, cualquiera piensa que puede ser editor, escritor, periodista; ¿por qué no profesional de los medios sociales? Después de todo, si soy un blogger voraz, ¿éso no me hace experto? No necesariamente. Hay una brecha enorme entre ser un usuario de medios sociales y poseer un conocimiento exhaustivo de sus aplicaciones estratégicas. En gran parte de los casos, las empresas confunden *uso* con *conocimiento*.

Esto se debe en parte a los orígenes de los medios sociales. Desviémonos un rato por la senda de su historia; no tendremos que ir muy lejos. La historia de la más estable de las aplicaciones de medios sociales que suscitan interés hoy solo se remonta unos pocos años: a 2004, para ser exacto. Hace apenas seis años, no nos habría sido posible ofrecerles este libro a ustedes, nuestros lectores, por falta de tecnología adecuada: las aplicaciones no se habían desarrollado y el cambio de paradigma en la forma de comunicarnos y consumir información aún no había ocurrido.

Pero aunque las aguas no son demasiado profundas en lo que respecta a su desarrollo histórico, el aceleramiento desbordado de nuevos programas, aplicaciones y sus respectivas mejorías en el espacio cibernético han hecho posible una recolección masiva de datos de los cuales extraer prácticas óptimas. En medio de la velocidad de los avances tecnológicos, las herramientas "de última generación" se fabrican como salchichas en factorías día tras día. Este ritmo rápido y furioso es uno de los factores que impulsan a los usuarios al uso indebido o incluso al abuso de algunas aplicaciones muy potentes.

Para los profesionales de marketing —y en esto incluimos también a los profesionales de publicidad, relaciones públicas y comunicación corporativa— el paisaje ha cambiado bruscamente, y la evolución ocurrió con una velocidad vertiginosa (es decir, "de la Edad de Piedra a la Revolución Industrial" en un número de años que se pueden contar con los dedos de una mano). Ahora más que nunca, a escala mundial, tanto en el sector privado como en las organizaciones sin fines de lucro la fuerza laboral en general tiene que interesarse en las prácticas óptimas de marketing y comunicaciones.

¿Por qué? Porque las líneas entre los empleados de los departamentos de procesos administrativos y la mano de obra que normalmente entra en contacto con el cliente se han borrado a tal grado que, por ejemplo, en el blog corporativo de Delta Airlines, podemos leer a "Judy" de TI, presentándonos una nueva tecnología diseñada para agilizar el despacho de las maletas e invitándonos a hacerle preguntas sobre este avance. Hace unos años, esa opción no habría sido posible. Y esa posibilidad crea para su marca tanto oportunidades como riesgos.

Por esta razón, las reacciones de las empresas frente a los medios sociales han variado enormemente. Los ignoran. Los rechazan. Los adoptan con entusiasmo. Examinaremos estas reacciones a medida que ofrecemos recomendaciones para abordar los medios sociales, para comprender lo que pueden y lo que no pueden hacer por su organización, y para desarrollar un plan táctico que le introduzca con éxito al espacio social, midiendo entre tanto la ganancia en relación con el dinero invertido en marketing.

Como profesional de marketing y comunicaciones, su reacción inicial hacia los medios sociales puede haber sido alguna de estas: a) habrá pensado simplemente en cerrar todas las persianas y no ver nada; b) habrá intentado tomarlos a broma, como cualquier otra moda pasajera —o mostrarse reacio a probarlos—; c) habrá pataleado, o gritado, o tenido una rabieta. Y aun así, allí estaba, sólido y molesto como la carne congelada que pensaba comer en un sandwich en la noche: el riesgo y la oportunidad mezclados, en fin, esa cosa indefinible llamada "medios sociales".

Si ha estado prestando más atención al ambiente y las tendencias más de lo que ha escuchado a quienes recomiendan de manera precipitada a las empresas a superpoblar la blogosfera o hacer tweets hasta quedarse roncas sin una razón legítima, no está solo.

Pero si ha tenido cautela en adaptarse y adoptarlas, o está intrigado pero no está seguro de saber hacerlo funcionar, debe empezar por probar las tácticas fundamentales y en base a ello aplicar lo aprendido y los elementos más difundidos en sus planes de marketing y comunicaciones. Dado nuestro trabajo con clientes en una amplia gama de sectores de actividad, sabemos que cuanto más tarde llegue usted a la fiesta, más se resistirá siquiera a entrar. Pero recuerde que mucho ya ha sido probado —y desechado y revisado— mientras usted estaba cargando las baterías, y ésto facilita su trabajo.

Al contrario de lo que sucedía con otras innovaciones tecnológicas (por ejemplo, la Telaraña Mundial) —que se reservaban a grupos de TI y por lo tanto nos eximían a los demás de conocerlas—, con los medios sociales, diseñados para captar a todo usuario, es muy probable que usted se tope con suposiciones generalizadas.

Quizás usted ni conozca la diferencia entre Twitter y un teléfono, pero si está a cargo de manejar el marketing, las comunicaciones o las relaciones públicas de su organización, es probable que todos le perciban como la persona que tiene todas las respuestas. Pero al mismo tiempo, ya que todo el mundo es "experto", probablemente le pidan que se dirija de una forma más personal y directa a la variedad de sectores públicos que encontrará a través de las aplicaciones de medios sociales. Pero ser usuario de los medios sociales y comprender las estrategias en que se apoya el uso eficaz de tácticas básicas, son dos conjuntos de destrezas radicalmente distintos. Lo que estamos viendo hoy en día es que las organizaciones no necesariamente distinguen entre estos conceptos, y aunque están sucediendo grandes acontecimientos, también, y en las mismas proporciones, se están cometiendo graves e irreparables errores.

Hace varios años, los que elaboraban los mensajes y se comunicaban a través de canales de distribución establecidos conocían su oficio de memoria. Hoy los medios sociales se les han acercado sigilosamente de muchas maneras, se han infiltrado en las costumbres informáticas de los consumidores y han hecho que sólidos profesionales, con muchos años de experiencia en el campo, sientan que se han vuelto obsoletos.

No obstante, si usted ha estado afilando sus capacidades en marketing, las comunicaciones y las relaciones públicas, está en una posición fenomenal para utilizar las tácticas de medios sociales, mucho más que los que han entrado por la puerta de la TI o impulsados por una aplicación de medios sociales. De hecho, con tan sólo una pizca de conocimiento, empezará a percatarse de las poderosas herramientas que están ya a su disposición.

Muchas empresas piensan que tienen dos opciones: sumergirse en el agua helada o quedarse en la orilla sin siquiera remojar el dedo chiquito del pié. Si usted es un especialista en marketing o un empresario que lucha por utilizar sus recursos de manera eficaz, y guarda un escepticismo secreto respecto a algunas de las nuevas tácticas que se han presentado, ¡bravo por usted! Después de todo, ¿no nos han enseñado a hacer preguntas, razonar y pisar el terreno con cuidado hasta estar bien informados sobre costos, valores, recursos y retorno? Si usted se siente un poquitín fuera de onda en su papel de especialista en marketing, comunicador o profesional de relaciones públicas, ahora es el momento para dejar a un lado ese sentimiento y reconfirmar que la razón por la que puede haber dudado desde el comienzo es que, tal como ha venido haciendo durante el transcurso de su carrera, tiene demasiado juicio como para abalanzarse sobre todo lo que brilla y en realidad no es oro.

Obviamente, dado el asedio de las nuevas herramientas de medios sociales disponibles, la tarea de determinar dónde empezar, en qué experto creer y qué tendencia seguir se vuelve rápidamente agotadora, y éso le puede llevar a regresar a la orilla, donde puede pisar el fondo. Pero tiene que entender que toda inacción conlleva mayores riesgos. Por eso, para animarle a tomar acción —o en todo caso, una acción más enfocada si ya está promocionando sus productos activamente dentro del ciberespacio— y para dotarse de un punto de partida a partir de la cual aprender estrategias básicas para los medios sociales, y para que usted pueda decidir por su cuenta el valor de ellos, empezamos con un contexto algo diferente del que ofrecen hoy muchos desarrolladores, comentaristas y vendedores de medios sociales. En concreto, diremos que el objetivo, la estrategia y la táctica siguen siendo los elementos que más cuentan en lo que concierne al marketing astuto, las relaciones públicas y las comunicaciones corporativas.

Entonces, cuando escuche que los directivos claman por herramientas de medios sociales sólo porque "todos los demás lo hacen", deténgase un momento y considere si estas herramientas realmente pueden agregar valor a su organización, y cuál es el nivel de compromiso y apoyo que la empresa está dispuesta a aportar.

Si el valor es real —y sí, se puede obtener bastante valor— y los recursos son sólidos, pues ¡adelante! Pero si el que "todos los demás lo hacen" es la mejor —o la única— razón para experimentar con estas herramientas, le recomendamos que vuelva a pensarlo hasta que aparezca una justificación más viable.

Nunca insistiremos lo suficiente en que el tiempo que emplée en la planificación —en términos metodológicos, estratégicos y cuantitativos— valdrá más la pena que el mes o dos que pase preocupándose por no tener una página activa en Facebook —o peor, armando una página en Facebook con la que luego no sabrá qué hacer—. Su primera tarea es llegar a conocer los espacios de medios sociales en los que pasan tiempo sus consumidores, y llegar a conocer los medios sociales como consumidor *y* como creador.

Cubriremos mucho terreno relacionado con las aplicaciones de medios sociales, pero usted ya debe haberse dado cuenta que cada tema que discutimos merece (y ya tiene) un libro propio. Dejaremos que explore exhaustivamente en el sitio mismo cómo establecer una cuenta en Twitter (por ejemplo), en parte porque surgen nuevas versiones y actualizaciones de las aplicaciones con tanta frecuencia que cualquier explicación que podamos ofrecer de cómo manejar la página de entrada de Facebook o cómo crear un sitio utilizando Ning estará desactualizada antes de que termine de leer el capítulo.

En lugar de eso, nos enfocaremos en nuestra área de experiencia, que es el diseño de estrategias de marketing y comunicaciones que optimicen sus metas comerciales rápidamente y sin costuras ni roturas ni dolores de cabeza.

Si aún no le entusiasma demasiado la idea de utilizar los medios sociales y el esfuerzo aparentemente inagotable que implica, permítenos presentarle a Dave Carroll. Si ha explorado YouTube recientemente —o si tiene amigos que le mantienen al tanto de esta clase de contenidos— ya habrá conocido a Dave, un hombre que ejemplifica cabalmente por qué hay tanto alboroto alrededor del espacio de los medios sociales.

Dave era un pasajero común y corriente que tuvo la mala suerte, durante un viaje de rutina de Nueva Escocia a Nebraska, de sufrir en carne propia el cuidado dudoso con que maniobran los maleteros de United Airlines, quienes le dañaron una guitarra marca Taylor que le había costado US$ 3.500. Carroll, un cantante canadiense de música country, intentó sin éxito durante más de un año conseguir una compensación por parte de la aerolínea, hasta que por fin decidió resolver la situación a su manera: compuso un video de cuatro minutos y treinta y siete segundos de duración que describía su calvario con el avión.

Este video, con su melodía pegadiza, chistes simpáticos y una letra convincente, apareció en YouTube el 6 de julio de 2009. En menos de 24 horas, ya lo habían visto 24.000 personas; y después se volvió verdaderamente viral. Ya era demasiado tarde para evitar la protesta generalizada contra la falta de reacción inicial por parte de la empresa, pero poco antes de que el video llegara a su conteo máximo de casi cinco millones de visitas (aunque aún se siguen acumulando), a United Airlines empezó a importarle. Y es por ésto que a su empresa tiene que importarle.

No obstante, es necesario que usted se interese en el tema de una forma estratégica y bien planificada. Casi todas las empresas corren a una velocidad vertiginosa detrás de los medios sociales sin detenerse a preguntar por qué, y a veces el resultado es sorprendente. Como una tormenta repentina que se desata en la autopista y hace que los conductores giren bruscamente, aceleren y choquen sin otro motivo que su falta de reflejos, los medios sociales tienden sin querer a provocar que las empresas hagan tonterías.

Los medios sociales no son armas secretas ni una panacea. Simplemente son un conjunto de tácticas que tienen el beneficio adicional de obligar a los especialistas en marketing a deshacerse de muchas de las prácticas que desde un principio no habían funcionado.

2

Campo de entrenamiento
para los medios sociales

UANDO HABLAMOS FRENTE a públicos de cualquier sector, grande o pequeño, y preguntamos cuántas personas están utilizando los medios sociales, casi todo el mundo levanta la mano. Pero cuando preguntamos cuántos pueden definir qué son los medios sociales, las manos van bajando rápidamente. Luego surgen risitas entre dientes y sonrisitas avergonzadas, porque el público se da cuenta de algo que muchas empresas aprenden eventualmente cuando quizás sea tarde: usar los medios sociales no es lo mismo que comprender qué son y de qué manera funcionan como herramienta de marketing, relaciones públicas y comunicaciones.

En el libro *Join the Conversation* (2007), Joseph Jaffe afirma que "los medios sociales son un compromiso, no una campaña".[1] Nos aventuramos un paso más para afirmar que los medios sociales son un compromiso *a largo plazo*, que requiere apoyo de los

---

[1] Joseph Jaffe. "*Join the Conversation: How to Engage Market-Weary Consumers with the Power of Community, Dialogue, and Partnership* (Hoboken, NJ: John Wiley & Sons, enero de 2008).

niveles superiores, recursos (tanto económicos como humanos) y la voluntad de sostener los esfuerzos hasta el final. Se proclama que los medios sociales son instantáneos y que sortean a los intermediarios para llegar directamente a los corazones y las mentes de los consumidores; sin embargo, éste es más bien el ideal y a veces una simplificación de cómo los medios sociales pueden funcionar para la marca de su producto en particular.

De hecho, los esfuerzos que usted invierta en el espacio de los medios sociales podrían fácilmente tomar tanto tiempo como cualquier otra táctica, dependiendo de su empresa, su público y la aceptación que esa forma de comunicación tenga en su mercado meta.

En esencia, los medios sociales son plataformas, aplicaciones o canales de distribución virtual diseñados para captar grupos meta y para facilitar la interacción, el intercambio y la colaboración, acciones que están enfocadas en el contenido. A diferencia de otros medios, como la televisión tradicional o los sitios web estáticos anteriores a la Web 2.0, lo que hizo famosos a los medios sociales es que son personalizables, portátiles e interactivos, que pueden compartirse incesantemente, ofreciendo una conexión constante con círculos concéntricos de comunidades en línea.

La atracción psicológica para los usuarios es que les (nos) gusta ser vistos como los que están (estamos) informados, con un contenido novedoso que las comunidades que les (nos) interesan pueden no haber descubierto todavía. Es probable que usted tenga en su oficina —o quizás usted mismo sea— una de esas personas que habitualmente envía a sus colegas enlaces a artículos que podrían resultarles útiles. Cuando una y otra vez se comprueba que los artículos son realmente valiosos, quien los envía se impone como una fuente fiable y un miembro importante del grupo.

Como consumidores de información, nos encanta ser los primeros en encontrar una novedad, y por eso nos apuramos a compartirla con nuestros colegas, superiores, amigos y familias. En este aspecto, el trabajo de las marcas es hoy más fácil que nunca, ahora que los poderes dentro del campo de acción y desarrollos están ansiosos por correr la voz sobre una tendencia del sector, un producto fenomenal, una ganga increíble o una compañía poco conocida que ofrece servicios excepcionales.

Lo negativo, por supuesto, es que esos mismos usuarios no titubean en ofrecer sus comentarios menos positivos, compartiendo ideas y opiniones sobre los peores productos disponibles, el servicio al cliente de menor calidad y los horrendos resultados obtenidos por parte quienes supuestamente ofrecían lo mejor. Y en el espacio de los medios sociales, tanto lo positivo como lo negativo se pega. No obstante, los gerentes de marca están dispuestos a correr el riesgo, algunos por voluntad propia, y otros, porque temen que, de una forma u otra, sus marcas pueden estar en peligro.

La función de cualquier empresa que entra en el espacio de los medios sociales es generar un zumbido (*buzz*), lograr que se hable de ella, a través de su mensaje que hace que su propuesta de valor o su oferta de productos sean impactantes y fáciles de compartir. Pero los medios sociales, como cualquier otro canal, son sólo una de las tantas y variadas tácticas que deben integrar una estrategia global.

Los medios sociales tienen varias ventajas: son una forma relativamente barata de llegar al público y ofrecen la posibilidad de aumentar el reconocimiento de la marca, difundir mensajes rápidamente, generar "embajadores de marca", impulsar contactos e ingresos y sacar provecho de redes sociales preexistentes de consumidores activos. Parte de la magia está en su capacidad de crear ciclos contínuos y en tiempo real de retroalimentación que se pueden usar para evaluar información recibida sobre el mensaje básico, mejoras en la marca, nuevos productos, e ideas y opiniones de los consumidores.

Para lograr sus metas, los medios sociales deben estar centrados en mensajes auténticos que comuniquen en el lenguaje del público. ¿Quiere decir esto? ¿Que usted tiene que renunciar a todas los logos y artificios publicitarios de su marca dirigidos a los hombres de mediana edad amantes de sus Harley a quienes está intentando captar? No. Pero sí quiere decir que se deben desempolvar las viejas capas de jerga institucional en que su marca puede haber estado envuelta por décadas, para destapar en su lugar una voz corporativa clara, consistente, creíble y sostenible. Establecer esa credibilidad le permitirá crear una auténtica conexión emotiva con sus grupos meta, en parte porque le permitirá personalizar la experiencia de su marca como nunca antes.

Al antiguo adagio que dice que "lo que cuenta no es lo que se dice, sino cómo se lo dice", queremos agregar "y cuándo se dice". El objetivo es enviar el mensaje adecuado a la persona adecuada en el momento adecuado.

Así, por ejemplo, cuando en Albuquerque, Nuevo México, Krispy Kreme Dónuts (@KrispyKremeABQ) envía un tweet que anuncia una oferta por una docena de dónuts por la mitad de su precio normal, y lo recibimos en camino a la oficina, eso nos recuerda que tenemos una reunión y que nuestro muy dedicado personal apreciaría algo dulce. En esta situación vemos un modelo del tipo de conexión que permitirá que su marca entre con mayor profundidad que nunca en la mente de los consumidores.

Pero ¿cómo saber si el tweet que usted envía sobre una promoción, un suceso próximo o un concurso se recibe en forma positiva? Como en todo lo demás, ser eficaz en este espacio está relacionado con escuchar con efectividad y consecuencia, hacer el seguimiento del mensaje que se envió y modificarlo cuando sea necesario.

Los medios sociales son una mezcla de relaciones públicas, respuesta directa, marketing de la marca, información sobre el cliente y apoyo posventa; no hay un único grupo que cargue con toda la responsabilidad. Muy pocas empresas tienen un enfoque integrado, y sin embargo, los medios sociales brindan el impulso perfecto para "reunir la tropa" y catapultar resultados

LA NUEVA BRIGADA A:MARKETING, COMUNICACIONES Y RELACIONES PÚBLICAS

Si usted trabaja en una compañía en la que el marketing, las comunicaciones y las relaciones públicas han funcionado en perfecta armonía durante mucho tiempo, considérese afortunado. Si en cambio trabaja en una empresa en la que el departamento de marketing hace lo suyo mientras la sección de comunicación corporativa se encarga de producir el boletín trimestral y el grupo de relaciones públicas se concentra en tratar con los medios de comunicación masiva y promocionar las noticias más destacadas de la compañía, preste atención: ha llegado la hora de conocer a fondo a sus colegas.

Si el equipo de relaciones públicas envía un tweet sobre un evento próximo, usted, como profesional de marketing, tiene que estar enterado. Si el grupo de comunicación corporativa formula una nueva campaña masiva por correo electrónico (*Eblast*), debe contener un enlace directo a su página en Facebook y éste debe ser un componente estándar en todas las comunicaciones. El llamado a derribar paredes y crear sinergías entre estos grupos ha sido un grito de guerra por los siglos de los siglos amén, así que no es algo nuevo. Pero lo que sí es nuevo es que ahora —juegue usted o no partidas semanales de póquer con el equipo de relaciones públicas— los compartimentos estancos han dejado de serlo, y esto puede constituir una gran ventaja para cualquier empresa.

Sin embargo, si usted no está atento a la situación, la marea puede dejarlo empapado y atolondrado y sin lograr el objetivo de cómo salir a flote. Como ejemplo, tomemos uno de los casos más famosos del marketing viral por video: el episodio Mentos–Coca-Cola. Como se ha contado una y otra vez, en 2006, un malabarista profesional y un abogado grabaron en un video su experimento con Mentos y Coca-Cola, en el que al introducir el caramelo en la gaseosa producía un efecto "géiser" que era divertido ver. Subieron este video a YouTube. Fue un éxito viral: fue descargado más de 20 millones de veces y 10.000 videos más copiaron el experimento.

Pero eso no es lo interesante del cuento. La verdadera moraleja es la reacción de las dos compañías.

El vicepresidente de marketing de Mentos, Pete Healy, dijo, "Nos hace felices como lombrices." La reacción de la vocera de Coca-Cola, Susan McDermott, fue marcadamente distinta: "Esperaríamos que la gente quisiera tomar Coca-Cola Light en lugar de hacer experimentos con ella … la locura con Mentos … no encaja con la personalidad de marca de Coca-Cola Light."

Después de un aumento de 5 a 10% en ventas, los especialistas en marketing interactivo de Coca-Cola cambiaron su postura corporativa y en 2007 suministraron cantidades ilimitadas del producto a los mismos productores del video inicial y lanzaron el sitio web de Coca-Cola utilizando los géiseres de Mentos–Coca-Cola.

Pero como siempre que se trata de la Web 2.0, el daño ya estaba hecho, porque el cuento de la reacción original de Coca-Cola sigue circulando. De hecho, si usted googlea "Mentos–Coca-Cola" hoy, encontrará artículos que todavía lamentan la reacción inoportuna de Coca-Cola. La lección es que el contenido en línea es penetrante y recurrente; por eso, una reacción bien meditada con la cual la compañía esté dispuesta a convivir por mucho tiempo —en este caso, una respuesta combinada de las divisiones de marketing, relaciones públicas y comunicación corporativa— debe ser la norma en lugar de la excepción.

Sus clientes no van a preguntar cómo se dividen la tarea los departamentos de su empresa mientras evalúan su producto, opinan en blogs sobre su servicio o envían tweets sobre los tremendos descuentos en vajilla que ofrece su compañía. Las reglas de captación de clientes han cambiado desde afuera hacia adentro, y las corporaciones astutas están aprovechando ese capital común.

Yendo un paso más adelante, en el reino de los medios sociales, los grupos de comunicadores y consumidores deben incluir a los participantes internos (empleados, socios, accionistas) y los externos (consumidores, medios de comunicación masiva, público en general), que a veces cumplen papeles opuestos a su función original. (Por ejemplo, en el blog *"Blue Shirt Nation"* ["Nación de Camisas Azules"] de Best Buy, los empleados de la empresa interactúan entre sí y con los consumidores de maneras muy novedosas. Pero en el caso de los empleados que se asocian con su compañía en sus blogs personales, y aunque indican que sus entradas en el blog expresan sus propias opiniones personales pero incluyen contenido tal como quejas contra nuevos productos en desarrollo que perciben como inherentemente "deficientes", el resultado es detrimente).

La mezcla corporativa debe centrarse en crear una sección coordinadora que cubra la intersección de las actividades de marketing y comunicaciones de toda la empresa. Dependiendo de la estructura de su empresa, esto puede incluir cualquier combinación de las siguientes áreas:

- Relaciones públicas
- Relaciones con los medios de comunicación masiva
- Relaciones con los inversionistas
- Marketing y publicidad
- Manejo de las marcas
- Identidad corporativa
- Manejo de la reputación corporativa
- Comunicaciones en tiempos de crisis
- Comunicaciones con los empleados

Los medios sociales ofrecen a estos especialistas en puntos de contacto oportunidades únicas para utilizar tácticas sinérgicas para captar una amplia gama de diferentes sectores públicos. De igual manera, al otro lado del espectro, los medios sociales presentan desafíos únicos cuando se trata de asegurar el desarrollo de objetivos claros para cada público y de las prácticas óptimas para ponerse y mantenerse en contacto con esos grupos.

Dentro de este contexto, es preciso conectar los medios sociales con una estrategia integrada de comunicaciones a largo plazo y evaluar los beneficios y riesgos antes de participar en cualquier medio social. Nunca insistiremos lo suficiente en que toda actividad en los medios sociales debe estar basada en objetivos claros y bien definidos.

Para empezar, hay que ser realista en cuanto a los costos (por ejemplo, seguimiento, asesores externos, etc.). Es más, hay que ser realista en cuanto a la energía, las habilidades preexistentes y la experiencia del personal que estará implementando el plan de su empresa en los medios sociales. El mito del éxito viral instantáneo es en realidad sólamente ese: un mito. La idea de que usted lanzará un video ingenioso y recibirá seis millones de visitas en dos semanas es, en la mayoría de los casos, absurda. Como suele decirse, un éxito repentino puede tomar años —incluso en el mundo vertiginoso y viral de los medios sociales—.

Es en este punto donde entra en juego la optimización de los medios sociales. Si bien dejamos las complejidades de la optimización de redes sociales y buscadores para los expertos en esas áreas, sí ofreceremos este consejo: la optimización de los medios sociales (SMO por sus siglas en inglés) funciona para las empresas como la optimización de buscadores (SEO por sus siglas en inglés) funciona para Internet, y por ese motivo asegúrese de que sea parte de su plan.

La SEO es un proceso que emplea palabras clave y búsquedas asociadas para aumentar el volumen y la calidad del tráfico en un sitio web a partir de resultados de búsquedas orgánicas o pagadas (cuánto más alto esté clasificado el sitio de su empresa en un buscador, más visitantes llegarán a él). Por su parte, la SMO está basada en modelos de influencia derivados matemáticamente y diseñados para determinar la fuerza de los líderes de la opinión pública dentro de una red social. En otras palabras, la SMO puedo ofrecer maneras de integrar eficiencias en los métodos usados para difundir mensajes entre los consumidores.

Dejando a un lado la SEO y la SMO, los medios sociales tienen la capacidad de generar conciencia de la marca, conciencia del producto y, lo más importante, ingresos. Tomando como base un estudio llevado a cabo en julio de 2009 por Charlene Li del Grupo Altimer, en el que se evaluó el nivel de participación de cada una de las 100 primeras marcas en toda una gama de más de diez canales de medios sociales (por ejemplo, blogs, Facebook, Twitter, wikis y foros de discusión), las 10 primeras marcas con mayor presencia en los medios sociales son: 1. Starbucks; 2. Dell; 3. eBay; 4. Google; 5. Microsoft; 6. Thomson Reuters; 7. Nike; 8. Amazon; 9. SAP; y 10. Yahoo! e Intel (empatadas en esta posición).[2]

Aunque la lista haya cambiado desde que se llevó a cabo la investigación, todavía ofrece un retrato concreto sobre la diversidad de intereses corporativos que están involucrados en el espacio de los medios sociales. Cada uno emplea tácticas específicas de maneras levemente distintas y en diferentes combinaciones, pero todos se enfocan en aumentar la captación de clientes e incrementar los resultados finales.

Respecto a qué departamentos de una compañía X "controlan" los medios sociales, la respuesta también varía enormemente según la organización. En términos generales, tanto en empresas comerciales como en organismos sin fines de lucro, el control de los medios sociales ha caído en manos de los siguientes grupos, en orden de prioridad:

1. Servicio al cliente
2. Marketing
3. Relaciones públicas

---

[2] B. Elowitz y C. Li, "The world's most valuable brands. Who's most engaged?" (julio de 2009). Reporte completo disponible en http://www.engagementdb.com/downloads/ENGAGEMENTdb_Report_2009.pdf

Otros grupos involucrados son los departamentos legales, de relaciones con los inversionistas, recursos humanos y los empleados mismos; y en la medida en que los medios sociales sigan evolucionando, también seguirá cambiando el departamento que los controle. Pero además de establecer quién encabezará el trabajo con los medios sociales en su empresa, usted deberá primero tomar en cuenta algunas consideraciones fundamentales.

Antes de entrar en una red social, tendrá que averiguar en qué tipos de redes sociales participan ya sus clientes. ¿La mayoría de ellos usa Facebook? ¿Solo unos cuantos conocen Twitter más allá de algún chiste que hayan oído en los programas de televisión a la medianoche?

Plantéese esta pregunta y anticipe las respuestas y evitará la desilusión de enviar tweets al vacío o encontrarse sin seguidores. Si su grupo meta no participa actualmente en una red social, tendrá que averiguar si sus miembros estarían dispuestos a unirse a alguna red ya existente, aunque no sea virtual, o si estarían tal vez dispuestos a interactuar con su marca a través de Internet como usuarios individuales sin afiliación a una red social alineada con su meta. (Mejor dicho: si usted lo construye, *no* vendrán a menos que les dé mucha promoción y una buena razón con valor agregado.)

Si tiene la suerte de haber podido ubicar los grupos a los que quiere conectar su marca, entonces tendrá que averiguar en qué redes, en qué momento y de qué manera podrá entrar en sus conversaciones. El simple hecho de tener una megamarca (por ejemplo, Apple o Disney) no significa necesariamente que una comunidad de usuarios activos quiera que usted entre en su espacio.

Primero tendrá que escuchar, mediante el monitoreo de los tipos de actividad y conversaciones que se producen; y luego preguntar si la comunidad está dispuesta a aceptar el contacto, y entonces sí entrar, pisando al comienzo con cuidado, armado con una idea de los tipos de mensajes que el grupo existente aceptará y los que no. Antes de pedir permiso para entrar en el espacio de un grupo existente, tenga preparado un plan de participación sostenida. La peor estrategia que podría implementar es tomar por asalto una red generada por los usuarios, para después callarse por falta de un plan estratégico para mantener la conversación.

3

La psicología de supervivencia en los medios sociales

E L ESTADO DE LOS MEDIOS SOCIALES es tal que el horizonte es amplio y vasto para aquellos que estén listos y dispuestos para celebrar su futuro.

En su libro *The New Influencers* (2009),[1] Paul Gillen observa que hemos pasado de mensajes unidireccionales a conversaciones. Desde los orígenes de la plataforma Web 1.0 (denominación derivada al estilo "precuela" de Star Wars; o sea, sólo como respuesta a la Web 2.0), nos hemos convertido en un público que anhela la interactividad y la participación.,

La Web 1.0 se componía de sitios corporativos diseñados a manera de folletos informativos y basados en el envío de mensajes de un emisor a muchos destinatarios. Todavía es posible encontrar sitios de este tipo, aunque es muy probable que si usted quiere entrar en ellos no sufra ningún tapón en el tráfico.

---

[1] Paul Gillin. *The New Influencers*, (Sanger, CA: Quill Driver Books/Word Dancer Press, Inc., junio de 2007).

Para los que están demasiado enganchados en la plataforma Web 2.0 como para recordar —o para los que simplemente son novatos en el campo—, los sitios de Web 1.0 ofrecen una interactividad limitada: por ejemplo, invitan al usuario a rellenar un formulario muy básico. Y ofrecen además una posibilidad limitada de compartir, por ejemplo, mediante la opción "Enviar a un amigo". ¿Recuerda usted cuando algunos sitios muy selectos que ofrecían artículos tenían solo el ícono de un sobre?,

También la personalización era limitada; quizás se veía "Bienvenida, Juana Gómez" en la parte superior de la página, pero fuera de eso, cada cliente recibía el mismo contenido estandarizado.,

En la Web 2.0 (una expresión que generalmente se atribuye a Tim O'Reilly del O'Reilly Media Group) la incorporación de tecnologías de autopublicación como las que permiten armar blogs y podcasts, combinadas con redes sociales o sitios de "transmisión social" (*socialcasting*) como MySpace y Facebook, ha creado una nueva clase de contenido conocido como contenido generado por el usuario (UGC por sus siglas en inglés) o contenido generado por el consumidor (CGC por sus siglas en inglés).

Esto disparó una serie de términos que seguramente usted estará escuchando *ad nauseum*: medios sociales, interactividad, capacidad de compartir (*shareability*). Dependiendo del nivel de compromiso o la falta de interés de su empresa en el tema, usted estará más o menos familiarizado con estas expresiones de moda.

El problema para muchas empresas es que creen que si no han sabido hasta ahora cómo participar, ya es tarde para admitir su ignorancia. Para organizaciones con una imagen corporativa "de vanguardia" o "primera en el mercado", una falla en la aptitud para los medios sociales puede convertirse en un golpe devastador para la marca.

Muchas compañías han empezado a relacionar la aptitud para los medios sociales con la base misma de la marca. Como las empresas saben que el tren de los medios sociales partió de la estación hace ya mucho tiempo, la idea de que una marca súper cool haya quedado atrás en una estación abandonada ha generado una avalancha de estrategias para medios sociales mal diseñadas y peor implementadas. Entonces hay que empezar por entender que (a) hay más gente esperando con usted en la estación de lo que se imagina; y (b) siempre hay un punto de entrada para cualquier nuevo medio, en cualquier momento de su evolución.

Si no nos cree, remóntese a los inicios dentro del campo de Internet. ¿Recuerda cuando su empresa no tenía un sitio web? Quizás pueda acordarse de los días en que sus encuestas de opinión se enviaban a los clientes por fax en lugar de correo electrónico. Si usted ha pasado por la evolución de la web y ha sobrevivido, sobrevivirá también a la evolución de la Web 2.0, dado que ya ha experimentado un cambio radical e irreversible.

Los sitios web y las aplicaciones con funcionalidad comunitaria y consumo de medios personalizable (por ejemplo, listas personales de reproducción de música, iGoogle, Netvibes, etc.) exigen que los profesionales de la comunicación reconsideren los paradigmas existentes. Mientras que el trabajo del profesional de marketing y comunicación se centraba antes en crear mensajes, brindar al mercado mecanismos de empuje de la demanda (*push*) y construir campañas, ahora el paradigma de la Web 2.0 insiste en una filosofía rediseñada para reflejar tareas como desarrollar vínculos con los consumidores, elaborar interacciones de atracción de la demanda (*pull*) y facilitar conversaciones en lugar de llevar adelante campañas cuidadosamente orquestadas. Esto hace que muchos se sientan fuera de su elemento.

¿Por qué? Porque como profesionales de la comunicación, nos han enseñado que controlar el mensaje es nuestra primera prioridad, que el monitoreo de la marca y la emisión de mensajes precisos en momentos precisos para grupos meta precisos eran lo que algún día nos ganaría una promoción.

Tras el cambio de paradigma de la Web 2.0, estos son precisamente los elementos que más ansiedad causan entre los profesionales. En esencia, el contexto de los medios sociales insiste en ceder el mensaje a los consumidores —o al menos en compartir con ellos el control—. Olvídese de los temas de discusión. Olvídese de las ruedas de prensa planificadas. Ahora el contenido se genera en tiempo real, en cualquier momento, en el espacio en el que se congregan los consumidores. Así que si piensa en no participar por temor a poner en riesgo su marca, piénselo de nuevo: de una forma u otra, está corriendo un riesgo.

Ahora bien, sabemos por qué NOSOTROS participamos en los medios sociales: para acceder más rápidamente al público, para escuchar y captar, para hacer crecer nuestras marcas y para incrementar nuestros ingresos. Pero ¿por qué están participando ELLOS?

Las motivaciones psicológicas que impulsan el desarrollo de los medios sociales no son necesariamente complejas. De hecho, en cierta forma son absolutamente rudimentarias, pero vale la pena repetirlas para ilustrar el hecho de que en el espacio de los nuevos medios no hay demasiados cambios. Para empezar, la gente quiere sentir que pertenece. La jerarquía de necesidades que propuso Maslow no es muy lejana; tampoco el deseo de satisfacer la necesidad básica de ser parte de algo.

Luego viene la necesidad de autoexpresión. Para decirlo en términos simples, la gente quiere tener una voz y quiere que esa voz se escuche, algo a lo que no había realmente acceso en el mundo de la Web 1.0.,Por ejemplo, si usted entra en alguna sala de recreo un lunes por la mañana o encuentra un grupo de personas en el ascensor, escuchará lo mismo: la gente cuenta sus historias. Desde el partido de fútbol que jugó el fin de semana hasta el ensayo con una banda de Bluegrass, los chismes sobre las suegras molestas y los trucos de las mascotas familiares: la gente quiere contar sus aventuras cotidianas y escuchar lo que cuentan los demás. Trasladando ésto al terreno de su marca corporativa, hay que entender que a la gente también le gusta actuar como representante de productos, marcas y servicios que les provocan sentimientos y pensamientos fuertes y definidos. Lo malo es que estos sentimientos pueden oscilar entre lo positivo y lo negativo.

Así que, en el espacio de los medios sociales, individuos de una gama demográfica diversa crean perfiles para expresar quiénes son, y esta expresión puede ser liberadora, pero al mismo tiempo temible. Es liberadora para las empresas porque con la creación de un blog o una página en Facebook, se están poniendo "en el espacio" y están compartiendo una parte de sí mismas con una comunidad más amplia. Y es temible porque, con la creación de un blog o una página en Facebook, las empresas se están poniendo "en el espacio" y están compartiendo una parte de sí mismas con una comunidad más amplia. Críticas. Elogios. Comentarios negativos. Seguidores horripilantes. Nuevas líneas de clientes potenciales que despiertan entusiasmo. Reseñas durísimas. Este es el riesgo y el premio, y,viene envuelto en el mismo paquete. Hasta ahora, las empresas que participan en los medios sociales pertenecen a una de dos categorías: o están dispuestas a aceptar los riesgos, o simplemente no han pensado en ellos.

Lo que es importante tener en cuenta es que el precio de contar con un ancho de banda ilimitado para contar su historia es el consumo público ilimitado, y este por naturaleza viola el derecho a la privacidad. Por consiguiente, aquello que debe permanecer en privado nunca debe colocarse en este espacio público.

Y aun así, como profesionales de marketing, debemos darles a los usuarios y consumidores una amplia oportunidad y posibilidad de crear tanto contenido como ellos deséen, y en particular relacionado con nuestra marca.

Los seres humanos tenemos la necesidad innata de que se nos considere importante como individuos. Lo disfrutamos porque nos hace sentir satisfechos, valorados y merecedores de ser parte de las comunidades en las que procuramos estar incluidos. El espacio de los medios sociales nos otorga algunas herramientas maravillosas con las que podemos facilitar a la gente la posibilidad de influir en las decisiones de otros. Si alguna vez usted recomendó un producto, participó en un grupo de discusión, evaluó un producto o completó una encuesta, sabrá de qué hablamos.,

El simple acto de votar por la celebridad con la peor trayectoria en fidelidad a su pareja, o de poder comentar sobre esos zapatos con tacones aguja de cuatro pulgadas que NINGUNA MUJER DEBE PONERSE NUNCA MÁS —PERO JAMÁS—, le da a la gente una fuerte sensación de poder. Los medios sociales dan la palabra a una gama increíblemente amplia de gente, y así los que son demasiado tímidos para quejarse ante el gerente de un restaurante por el servicio pésimo que recibieron pueden regresar a casa y escribir un blog sobre su experiencia. El lema de la participación es "Yo tengo voz y voto".,

NARRACIÓN DE HISTORIAS 3.0

La disciplina de la comunicación es fascinante porque incluye lo mejor de la psicología y la sociología y una variedad de elementos de disciplinas distintas, con los cuales se pueden explicar los fenómenos del comportamiento humano armando un paquete tan compacto como aún con algo tan complejo como ese mismo *modus vivendi*.

Walter Fisher elaboró su teoría de la narración como paradigma de la comunicación humana en 1984. El paradigma narrativo de Fisher se basa en la idea de que los seres humanos son narradores y de que los valores, las emociones y las consideraciones estéticas enlazan nuestras creencias con nuestros comportamientos.

Por consiguiente, según esta teoría, la gente se convence más con historias interesantes que con puros argumentos lógicos. Fisher creía que toda comunicación significativa es, de una forma u otra, la narración de una historia y que la vida misma es una serie de relatos con todos los elementos de una historia: adversarios y protagonistas, dramatismo, intriga, humor y acción, e incluso una introducción, un desarrollo y un desenlace. En ese sentido, un poderoso servicio que los medios sociales pueden brindar a las marcas es el de crear una introducción fenomenal a las historias de los usuarios.

La tecnología nos ha dado la posibilidad de ser narradores en colaboración de una manera nueva y emocionante. Todo empezó con la Narración de Historias 1.0 y la tradición oral. De ahí pasamos a la Narración de Historias 2.0 y la introducción de la imprenta de Gutenberg, que con el tiempo derivó en la difusión de ideas a través de los medios masivos de comunicación como la radio, televisión y la Web 1.0. Ahora estamos en la etapa de la Narración de Historias 3.0, en la que la interactividad y la posibilidad de compartir (*shareability*) son los elementos básicos de la historia.

Los comentarios de los usuarios, las recomendaciones de productos, la publicación de listas de música (*playlists*) y las recopilaciones de enlaces, entradas y favoritos: estas son las historias de las marcas de hoy. El trabajo que a usted le toca como comunicador es ofrecer puntos de partida diseñados para alentar el diálogo, formar comunidades y fomentar la lealtad a la marca. De modo que, aunque el acto de narrar historias haya cambiado para incluir a los usuarios y consumidores, la comunicación corporativa aún mantiene el papel crucial de iniciar una historia de comunicación entre muchos participantes.

Hoy todos podemos ser editores (narradores) de medios desde blogs hasta podcasts, video e impresión según la demanda, lo que significa que la competencia para captar a los consumidores es feroz. Debemos tener en cuenta que la proporción de editores en relación con el número de lectores ha aumentado enormemente con el advenimiento de las tecnologías de publicación "hágalo usted mismo" (DIY por sus siglas en inglés).

De los bloggers a los visitantes de sitios de medios sociales, cualquiera en la conversación digital puede hacer avanzar una historia en un proceso iterativo y viral. Esto implica, por supuesto, tanto las buenas historias como las malas.

Los comentarios, reseñas y evaluaciones pueden afectar el "relato de la marca" (el producto) o el "relato del editor" (la fuente que difunde la historia) incluso mucho tiempo después de que el impulso inicial de la historia haya desaparecido. El blog sobre "Coca-Cola Zero" de Coca-Cola es un ejemplo por excelencia. En noviembre de 2005, Coca-Cola intentó alcanzar a cierto grupo demográfico que la compañía había identificado, y armó un blog.

Aparentemente, a algún empleado se le ocurrió la idea de lanzar el rumor de que el blog había sido creado por un fanático anónimo de Coca-Cola Zero, lo que terminó resultando muy problemático. En menos tiempo del que se requiere para beber una lata de la bebida, se reveló que el supuesto blog de un fanático de Coca-Cola Zero era nada más que una táctica desvergonzada y engañosa de la empresa.

Las secuelas de este "inicio de la historia" fueron mucho peores que la metida de pata original y dieron lugar a la creación de un sitio llamado "El movimiento Zero es una porquería". Hasta hoy en día, si busca "Coca-Cola Zero" en línea, encontrará sin el menor problema los blogs antagónicos. Como la anécdota que sus familiares repiten hasta el cansancio, sobre esa ocasión en que usted, a los dos años y medio, corrió audazmente por el barrio vestido solo con una capa y gritando "¡Ya llegó Súperman!", estas historias se niegan a permanacer enterradas, no importa la vergüenza que produzcan a las empresas. Por sobre todas las cosas, la Web 2.0 es definitivamente pegajosa.

El trabajo de narrar historias se enfoca en definir la historia como información —cualquier información—. Los editores quieren que sus sitios web sean vistos como el lugar definitivo donde se puede leer cierta clase de "historia", ya sea contenido que los mismos editores crean o contenido que recopilan. No se trata solo de que los sitios con formato de folleto (*brochureware*) ya no sean eficaces, sino que la gente se ha acostumbrado a esperar información gratuita que puede comentar, a la que puede agregar otra información y que puede compartir —y solo DESPUÉS comprará el producto que usted vende o volverá a su sitio si ha tenido una buena experiencia—.

Los creadores de contenido quieren que la mayor cantidad posible de visitantes visiten sus sitios para mantenerse al día con la historia que se está desarrollando o para agregar su comentario y contribuir a la evolución de la historia. Cuánto más se vea y se comente la historia, más oportunidades habrá para generar ingresos con avisos comerciales o para vender un producto o servicio al visitante.

Sin embargo, no deje que la preponderancia de las ondas de la blogosfera o el movimiento de contenido generado por los usuarios (UGC por sus siglas en inglés) lo lleven a pensar que los canales tradicionales de noticias han desaparecido. Los medios de noticias siguen desempeñando,el papel principal en el inicio de historias cuando publican un artículo, una foto o un video.

En el debate contíno,sobre si los bloggers son periodistas, existe una respuesta ineluctable en nuestros tiempos: los bloggers y los periodistas a veces pueden lograr el mismo resultado, y ambos grupos pueden obtener mucho valor el uno del otro, pero siguen siendo distintos. Sacando a colación,un buen ejemplo, los periodistas profesionales aún constituyen la gran mayoría del equipo de reporteros acreditados para cubrir las noticias presidenciales (durante la presidencia de Obama, algunos bloggers notables han sido admitidos en el equipo). Los periodistas siguen funcionando como los guardianes de nuestro mundo, y por lo tanto, los guardianes del contenido de la blogosfera, un hecho que no se debería soslayar.

El desarrollo del relato puede tomar la forma de un ciudadano periodista o blogger que añade observaciones a la historia. O puede tomar la forma de algún visitante del sitio que hace un comentario. Los publicistas de las marcas son parte de esta mezcla: lanzan sus historias en formas diseñadas para inspirar un diálogo continuo.

Estos "relatos" pueden incluir páginas de fans en Facebook, videos, informes oficiales, avisos comerciales y widgets. Cada uno cuenta una historia y, en condiciones ideales, crea con elementos a menudo distintos un retrato integral de su marca.

Lo importante es recordar la integración. Si usted crea una cuenta en Facebook pero no la promociona de manera agresiva por todos los medios, no llegará muy lejos. Para cada herramienta de medios sociales, usted debe diseñar una estrategia de marketing que impulse a los usuarios hacia ese espacio. En este aspecto puede ayudar el contenido. La clave es crear un contenido fuerte y después publicarlo muchas veces y en formatos flexibles.

Si puede reunir su contenido en un formato agregado (por ejemplo, un archivo de prácticas óptimas para los dueños de peces tropicales o consejos para cuidar un rosal según la estación), habrá creado un rico repositorio de datos, y así una gran razón para que la gente se congregue en torno a su objetivo principal, que muy probablemente sea vender suministros para la cría de peces tropicales o de rosales.

Otro problema potencial es el deseo de las empresas de crear su propio espacio especial para la interacción social. Todo el mundo, desde los fabricantes,de palomitas de maíz hasta los de productos de higiene femenina, ha seguido esta tendencia, pero los resultados pueden ser poco claros. Tenga en cuenta que la mayoría de consumidores dedican sus energías con regularidad a un único espacio de redes sociales —y sólamente a uno—. Sencillamente, para la mayoría de la gente no es factible dedicar tiempo a mantener varios sitios.,

Por lo tanto, si usted está considerando crear un espacio fuera de las redes existentes, primero tiene que saber dónde participa su público; así pasará menos tiempo preguntándose por qué nadie ha mostrado interés por el sitio maravilloso que usted armó sobre las naranjas de la Florida. Si su sitio en Facebook sobre las naranjas ha producido un aluvión de pedidos para crear un espacio aparte, entonces considere con cuidado su próximo paso. O mejor aún, deje simplemente que su público actúe por su cuenta y cree sus propios sitios aparte dedicados a la promoción de las glorias de la naranja.

En resúmen, tenga en claro el nivel de compromiso antes de empezar. Si piensa lanzarse a lo grande primero y buscar apoyo después, piénselo de nuevo. Añadir herramientas de los medios sociales a su arsenal exige una inversión sustancial de tiempo y de dinero. Una vez que usted crea un espacio, es suyo para siempre.

Recuerde también que lo único peor que no estar en los medios sociales es estancarse en los medios sociales. Si usted lanza una campaña en MySpace y rápidamente la deja en el olvido, establece una nota negativa recurrente para su marca, al asociar el nombre corporativo con un sitio abandonado. Evite esto a toda costa.

La idea de que la influencia de los consumidores moldea las marcas, pero que las marcas ya no moldean a los consumidores es verdad sólo hasta cierto punto. Delegar el control total de su marca en las espaldas de los consumidores sería una locura, pero formular una estrategia y un contenido sabiendo que habrá otras manos en la masa antes de que la marca esté cocida es una actitud sensata.,

Walmart

El caso de Walmart es revelador acerca de la interacción consumidor–empresa en la definición de una marca. Walmart ha sufrido una cantidad de reveses en el espacio de medios sociales a lo largo de los años. En 2006, en su aventura quizás más famosamente funesta en los medios sociales, los consumidores empezaron a fijarse en un blog titulado *"Wal-Marting Across América"* ("Con Walmart por Estados Unidos"), el resultado del trabajo de un par de amigos que viajaban en una casa rodante por todo el país y decidieron escribir en un blog sobre las tiendas de Walmart que visitaban en el camino. Poco después, como es típico de la blogosfera, los lectores empezaron a hacer preguntas y éstas eventualmente revelaron que esas dos "personas comunes y corrientes" eran en realidad dos escritores independientes contratados por Walmart. ¿Y las fabulosas fotos de las tiendas? Las había sacado un fotógrafo independiente también contratado por la empresa.,

Hubiésemos podido aceptar un pequeño resbalón por parte de Walmart;,después de todo, el espacio era nuevo y quizás la lección de que la autenticidad sí importa no se había aprendido bien.,Ya que durante mucho tiempo aceptamos los mensajes controlados por la institución, les otorgamos carta blanca con la premisa de que los viejos hábitos son difíciles de romper.

Sin desalentarse, sin embargo, volvieron a levantarse, y ese mismo año Walmart armó un sitio de red social llamado The Hub. Pensado como la versión "Walmart" de MySpace el sitio fue diseñado como un lugar de encuentro para "tweens" —las niñas preadolescentes entre 8 y 12 años de edad—, un espacio virtual donde podían reunirse para hablar de modas, tendencias y todos los temas que les interesan a las tweens. Pero lo que sucedió fue que, en vez de posicionarse en un espacio donde ya existía su audiencia demográfica, o sea, MySpace, Walmart intentó crear su propia versión de MySpace, o The Hub. Por supuesto, las tweens optaron por quedarse en MySpace, el que ya conocían y les resultaba más cómodo, poblado y accequible, y el proyecto de Walmart, The Hub, fracasó en sólo 10 semanas. (Para mayor información sobre The Hub, ver el capítulo 25.)

Como el fénix, Walmart resucitó de sus cenizas una vez más en 2007, habiendo aprendido de sus experiencias, para crear un sitio en Facebook diseñado para atraer a los estudiantes en edad universitaria para que participaran en una "encuesta de estilos"; a partir de las respuestas, se les mostraría el estilo de decoración ideal para su dormitorio en el campus. Pero la estrategia de captación no estaba completamente esbozada y finalmente, el sitio perdió el interés del público más rápido que las ofertas semanales de los supermercados, de manera que este intento también falló. Y así llegó la empresa al año 2009 y a la creación de su blog "*eleven-moms*" ("Once Mamás").

Como en la anécdota de Mentos–Coca-Cola, en la que la toma de posición más reveladora sale de las bocas de los ejecutivos de la empresa, he aquí lo que Walmart escribió para establecer un contexto amigable en la blogosfera, como prefacio al lanzamiento de un nuevo blog diseñado para las madres:[2]

> *Comenzamos poco a poco, haciendo contactos en Twitter, potenciando perfiles en Facebook, mirando videos relevantes en YouTube y tratando de entender cómo podíamos participar. Y no sólo añadiendo más mensajes. Hacíamos amigos. Escuchábamos a los críticos. Y empezamos a interactuar a la vez como socios de Walmart y como personas.*
>
> *Empezamos a ponernos en contacto con algunas de las bloggers que habíamos seguido para saber si estarían interesadas en construir una comunidad conectada con el objetivo de ahorrar dinero.*

---

[2] ElevenMoms Blog, http://instoresnow.walmart.com/Community.aspx; www.elevenmoms.com

En total invitamos a participar a once mamás bloggers y empezamos a referirnos al grupo como "elevenmoms." Varias mamás insistieron en que agregáramos a otra mamá blogger a la que respetaban mucho, y así lo hicimos. Pues, tenemos 12 "elevenmoms," ¡una gran hazaña !

Nos honra poder trabajar con este grupo maravilloso de mamás.

Los que están especialmente sintonizados con los mecanismos retóricos dirían que la presentación anterior desmiente una reticencia persistente a renunciar al lenguaje de la marca en favor de una interacción auténtica, pero el jurado todavía no ha rendido un veredicto final sobre el éxito de este último intento.

Mientras tanto, los consumidores mismos se han ocupado de representar a Walmart. Hay un sitio web pícaro pero aun así popular (Peopleofwalmart.com) dedicado a documentar con fotos lo que los autores consideran el estilo del típico cliente de Walmart. Así, existe un sitio que contiene imágenes estrafalarias y lamentablemente genuinas de clientes de Walmart vestidos con todo lo que se pueda imaginar, desde uniformes de fajina y camisas que dejan la barriga a la vista, hasta pantuflas. No es exactamente lo que Walmart quería para representarse, y sin embargo, este sitio generado por los consumidores muestra el Walmart más auténtico de todos hasta el momento.

La lección es que los consumidores no preguntan antes de hacer algo; simplemente toman la delantera. "Escribir en blogs primero, preguntar después" es el nuevo mantra de los consumidores. La tecnología permite a los usuarios consumir sus medios en cualquier momento (gracias al diferimiento) y cualquier lugar (gracias a la multiplataforma) que quieran. El principio que está detrás del UGC es que ahora los usuarios esperan crear tanto como consumir.

Best Buy

El blog *"Blue Shirt Nation"* ("Nación de las Camisas Azules" o BSN por sus siglas en inglés) de Best Buy ofrece un ejemplo de cómo darle la vuelta a una situación para que la historia dé un giro en favor de su marca. El Director de Marketing de Best Buy, Barry Judge, publicó una entrada con estas palabras:

> *Recientemente publicamos un pedido de personal que causó mucho zumbido por los requisitos que pedíamos. Entre las cualidades requeridas para el papel del Gerente Sénior de Marketing de Medios Emergentes aparecía un año de experiencia activa en blogs, y se prefería un título de posgrado y más de 250 seguidores en Twitter.*[3]

La entrada original sobre el empleo había recibido comentarios negativos de los propios postulantes. Pero Judge convirtió este potencial negativo en una oportunidad de captación, al invitar a los lectores a ofrecer sus ideas para la descripción del puesto. Luego invitó al grupo a seleccionar la mejor descripción, evitando así la publicidad negativa de lo que el público percibía como requisitos arbitrarios y al mismo tiempo reemplazando esto por el empoderamiento de la comunidad.

Indudablemente, los usuarios pueden influir en el desarrollo de las marcas mediante sus opiniones. Se nota a la legua que los consumidores —e incluso los postulantes para un empleo— están demostrando su poder de una forma insólita, nunca antes vista. Esto no significa necesariamente que los especialistas en marketing estén perdiendo el control, sino que los días en que la marca era

---

[3] Barry Judge, "Help us write the job description" (Actualizaciones del CMO de Best Buy, julio de 2009).
http://barryjudge.com/help-us-write-the-job-description-sr-manager-emerging-media-marketing

intocable han quedado relegados al pasado. Los especialistas deben aceptar esta nueva mentalidad de interactividad en relación con sus marcas, porque por más opuesto al sentido común que parezca, puede ser justamente lo que la marca necesita.

4

La estrategia de captación de clientes: su política de medios sociales

EMOS ESCUCHADO a voceros de muchas empresas decir que las mismas no están "listas" para una política de medios sociales, aunque quizás vuelvan considerar la estrategia más o menos dentro de un año. Pero así como un año en la vida de un perro equivale a siete años de vida humana, doce meses en la vida de los medios sociales pueden ser más que un año: una irremediable eternidad.

De hecho, la política para los medios sociales de su empresa debe crearse desde el comienzo del proyecto, no solo para ofrecer pautas a los usuarios, sino también como un modo de formalizar el compromiso corporativo con los medios sociales, aunque este sea sólo inicial. Es más, aquellos que experimentan primero y establecen las normas de uso después son los que luego pasan con frecuencia más tiempo resolviendo los embrollos surgidos del uso de los medios sociales que utilizando estas tácticas para mejorar los puntos de contacto con los consumidores.

Desde el punto de vista de los empleados, en realidad no es difícil hacer lo correcto cuando se trata del uso de redes sociales.

Sin embargo, le ha costado a más de uno su puesto y su reputación previamente sólida, y a veces hasta cualquier posibilidad de empleo en el futuro. Los medios sociales pueden ser así de despiadados.

Todo el tiempo se nos plantean preguntas sobre el equilibrio en el trabajo. Los empleados quieren saber cómo mantener el equilibrio entre la imagen corporativa y su marca personal —o, con más frecuencia, simplemente su forma de expresión personal—. Esto es parte integral de la política de medios sociales de una empresa. Así que cuando se trata de establecer una política de medios sociales, hay que considerar dos cuestiones: los riesgos para la marca y los riesgos para los empleados. Una política acertada será la que minimice ambos.

Para los empleados, utilizar con eficacia los medios sociales sin poner en peligro su trabajo consiste sobre todo en entender las herramientas que están usando y el impacto que las mismas tienen. Los nuevos empleados —o los que llevan mucho tiempo en la empresa y participan activamente en el espacio de los medios sociales— deberían cultivar la costumbre de preguntar desde el comienzo cuál es la política corporativa respecto del uso de medios sociales por parte de los empleados. En el caso de aquellas compañías que ya disponen de estas políticas, cubren toda la gama: las hay muy amplias y abiertas, pero también las hay tan restrictivas que terminan resultando una manera de bloquear cualquier posibilidad de construir una comunidad.

Algunas políticas son más restrictivas que otras. Considerermos, por ejemplo, la del *Washington Post*:

> *Todo periodista del Washington Post renuncia a algunos*
> *de los privilegios personales de un ciudadano privado. Los*

periodistas del Post deben reconocer que todo contenido asociado a ellos en una red social en línea es, a los fines prácticos, el equivalente de lo que aparece debajo de su firma en el diario o en nuestro portal.

Se debe suponer que todo lo que se hace en las redes sociales está públicamente disponible para todo el mundo, aunque se haya creado una cuenta privada. Es posible utilizar controles de privacidad en línea para limitar acceso a información confidencial, pero dichos controles solo disuaden, no previenen completamente. La realidad es simple: si usted no quiere que se encuentre algo suyo en línea, no lo ponga allí.[1]

O la de ESPN:

• *No se permiten sitios web personales o blogs que contengan contenido deportivo.*

• *Antes de participar en cualquier tipo de red social sobre deportes, se debe obtener autorización del supervisor asignado por el jefe del departamento.*

• *ESPN.COM se reserva el derecho a publicar contenido deportivo en los medios sociales.*

• *Si ESPN.com opta por no publicar en los medios sociales contenidos deportivos creados por el personal de ESPN, los empleados no están autorizados informar, especular, discutir u ofrecer opiniones sobre temas o personalidades del deporte en sus plataformas personales.*

---

[1] Las Pautas de Medios Sociales del *Washington Post* se encuentran en
http://paidcontent.org/article/419-wapos-social-media-guidelines-paint-staff-into-virtual-corner/

• *La primera y única prioridad es servir a los esfuerzos autorizados por ESPN, incluyendo noticias, información y contenido deportivos.*

• *Asuma en todo momento que está representando a ESPN.*

• *No envíe en un tweet algo que usted no diría en el aire ni escribiría en su columna.*

• *Ejerza discreción, consideración y respeto por sus colegas y socios y por nuestros aficionados.*

• *Evite discutir las políticas internas o detallar la manera en que fueron reportadas, escritas, editadas o producidas una noticia o artículo en progreso, o uno que se decidió no publicar o producir, así como las entrevistas que Ud. ha llevado a cabo o cualquier proyecto de coberturas futuras.*

• *Evite participar en conversaciones en las que usted tiene que defender su trabajo contra los que lo cuestionen y no participe en críticas mediáticas ni menosprecie a sus colegas o competidores.*

• *Sea consciente de que todo el contenido que se publique en línea está sujeto a revisión según las políticas de empleo y las pautas editoriales de ESPN.*

• *No se debe compartir información confidencial o propietaria de la compañía ni información semejante que provenga de terceros que han compartido tal información con ESPN.*

Cualquier violación de estas pautas puede resultar en una variedad de consecuencias, incluyendo en forma enunciativa y no limitativa la suspensión o el despedido.[2]

---

[2] La Política de Medios Sociales de ESPN se encuentra en
http://profootballtalk.nbcsports.com/2009/08/04/espns-guidelines-for-social-networking/

Tenga en mente que la política ideal no debería verse como el aguafiestas del *party* en los medios sociales. Recuerde que estamos tratando de evitar riesgos innecesarios, pero en la misma medida estamos tratando de reclutar promotores dentro de la empresa. La política es un abecé de prácticas óptimas.

Uno de los problemas que enfrentan los empleados es el de no tratar con respeto y dignidad a los miembros de su grupo de trabajo. Si usted piensa que es seguro publicar un anuncio diario sobre su horrenda situación de trabajo y su jefe insoportable en la página de su sitio en Facebook, piénselo de nuevo. Recuerde que la posibilidad de compartir significa exactamente eso. Incluso un comentario bastante benigno sobre sus "colegas holgazanes" puede causar tremendo lío, y puede marcar a un empleado como alguien incapaz de trabajar en equipo.

La transparencia es el motor que hace girar el mundo de los medios sociales. Esto significa que si usted permite que los empleados mantengan blogs sobre temas relacionados con su empresa o actividad, y tiene una empleada que escribe en un blog sobre el pésimo estado de las frutas y verduras que vende el Supermercado Blanco, es preciso que ella mencione que trabaja para el Supermercado Negro que está al otro lado de la ciudad. Como mínimo, usted tendrá que requerir que los empleados que escriban blogs personales sobre temas relacionados con la actividad de su empresa incluyan una nota que indique que "la información provista en este blog se basa en mi propia opinión y no representa la opinión de mi empleador, el Supermercado Negro".

Además, los empleados deben escribir y publicar blogs de manera responsable, y deben comprender que el espacio público es justamente eso: algo público. Quien diga que lo que usted hace en los medios sociales en su tiempo libre es problema suyo simplemente no entiende el asunto. El derecho de un empleado a expresarse libremente no implica que no haya consecuencias si ese empleado dice algo inoportuno o inapropiado que pueda convertirse en el futuro en un problema para la marca.

He aquí un consejo para los empleados que participen en todo tipo de medios sociales: no publique en línea nada que usted no quisiera que viera su mamá. Tal vez en el momento de hacerlo le parezca una buena idea publicar fotos suyas bailando el tango en la barra de un bar durante la despedida de soltero de su mejor amigo. Pero imagínese las consecuencias de que las fotos de repente aparezcan en la página de Facebook de su jefe. Cuando eso suceda, ya será demasiado tarde para evitar las consecuencias, y borrar las fotos resulta prácticamente imposible.

De ahí pasamos a la marca. El público de la marca es básicamente todo el mundo, y ése es precisamente el problema. En cualquier momento el público para su presencia en línea podría incluir a clientes actuales, antiguos o potenciales, colegas o empleadores. Pero nunca sabrá con seguridad quién lo está viendo. Considere con cuidado, entonces, todo lo que escriba y diga. Lo último que querrá es insultar, degradar o ganarse la antipatía de alguien. Y esto se aplica especialmente a lo que se escribe sobre la competencia. Los medios sociales han propiciado un ambiente en el que las marcas que compiten con más éxito no hablan mal de las demás en las redes sociales de la competencia. Más bien, conversan entre sí y en el proceso, se infiltran en los mercados de sus competidores (por ejemplo, no es raro que Pepsi envíe un tweet a Coca-Cola, y viceversa).

Su política corporativa también debería fijar los límites en áreas como el humor. Si el blogger designado de su compañía está considerando hacer un comentario que raya en lo despectivo y que él cree que sería divertido para los seguidores del blog, la política corporativa debería dejar en claro que *no* debe enviarlo ni publicarlo.

Los empleados deberían abstenerse de hacer comentarios que siquiera insinúen ser insultos. La meta de los medios sociales no es crear mini-crisis de relaciones públicas, así que tenga cuidado con el contenido y sus efectos. Quienes utilizan los medios sociales tanto en nombre de la empresa como para fines personales deberán entender que sus empresas pueden monitorear sus actividades en línea, y que efectivamente lo harán. Si usted, como empleado, se estremece de horror de sólo pensar que su jefe pueda ver su cuenta de Twitter y esos mensajes picantes de 140 caracteres, deténgase antes de enviar el tweet.

La imagen en línea de sus empleados puede marcarlos de maneras que nunca se imaginaron: el machista, el que bebe de más, la chica con todos esos novios. La presencia en línea que un empleado crea fuera del trabajo puede llegar a ser no solo su mayor perdición sino también una forma indeseable de publicidad para la empresa.

Su política de medios sociales también debería ocuparse de la manera apropiada al citar fuentes. La posibilidad de compartir contenidos no niega el valor de los derechos de autor, y no citar las fuentes que utilizó para su trabajo es una pésima práctica en cualquier actividad. Dé el crédito donde corresponda hacerlo, porque lo último que usted querrá es que se acuse a su empresa de hacer pasar por propias las ideas de otros. Es mejor reconocer a un colega o un artículo; este método le resultará mucho más provechoso a largo plazo.

La información propietaria o confidencial no se debe compartir. Esta puede parecer otra regla obvia, y sin embargo a menudo se torna en la arena de debates sobre "zonas grises". Mostrar el "auténtico yo" en los medios sociales corporativos NO significa revelar información antes de que se haya hecho pública, ni mucho menos compartir las historias internas que la empresa no quisiera que el público conociera. La transparencia no les otorga a los empleados la libertad de compartir todo lo que quieran. Los empleados que comparten información confidencial o propietaria arriesgan sus trabajos al hacerlo, y a veces pueden terminar incluso enredados en un pleito judicial.

Aún una revelación involuntaria por parte de un empleado puede someter a la empresa al escrutinio del público en la medida en que éste puede poner en tela de juicio la decisión de la empresa de colocar al mando de sus comunicaciones a alguien que no es capaz de proteger la información. Las posibilidades de meter la pata son reales; por eso deberá asegurarse de que ésto esté indicado explícitamente en su política de medios sociales.

Además, su política debería contener una cláusula contra los "llorones y quejosos". Los medios sociales sólo rendirán resultados para los que agreguen valor para sus seguidores, lectores, aficionados y usuarios, y no a los que ofrezcan quejas y reclamos. Es fácil olvidarse de este punto cuando los encargados de medios sociales bajan un poco la guardia mientras conversan con el público.

Por último, su política debería incluir un factor temporal; o sea, indicar cuándo es apropiado utilizar los medios sociales. Por ejemplo, si una empleada envía 14 tweets diarios desde su cuenta personal, pero también se la conoce como la twittera (la que envía tweets) oficial para la Gran Marca X, es posible que la productividad de los empleados de su empresa, su política de recursos humanos, etc., se enfrenten a un escrutinio público no deseado. La regla general para las políticas de medios sociales es que los empleados que no son directamente responsables de enviar tweets o escribir blogs en nombre de sus empresas, sólo deberían hacerlo en su tiempo libre y no durante la jornada laboral.

Es importante notar que la política de medios sociales es un documento de trabajo que seguirá evolucionando y creciendo a medida que se expandan los esfuerzos de la empresa. Y más allá de que su empresa haya establecido su propio banco de datos sobre riesgos y oportunidades, ya existen suficientes datos que sugieren que hay un punto de referencia establecido para ambos. Se conocen muy bien los riesgos y las prácticas óptimas fundamentales, así que es mejor cargar los dados a su favor y armar al personal con estos conocimientos desde el comienzo. Mientras que los medios sociales requieren algunas prácticas no tradicionales en cuanto al tono y el tema, nuestra experiencia ha demostrado que incluso con más libertad —o quizás *a causa de* la libertad adicional— el personal se siente más cómodo si entra en el espacio en nombre de su organización conociendo ya las reglas básicas.

Los medios sociales son cada vez más una parte integral de los esfuerzos habituales de los departamentos de comunicación corporativa, marketing y relaciones públicas. Si todavía no está convencido, quizás usted haya pestañado por un momento y lo perdió de vista. Hasta hace sólo seis meses, el paisaje de los medios sociales estaba menos cristalizado. Ahora con más funciones y aplicaciones, las tasas de adopción siguen creciendo de manera vertiginosa. Pero esto no significa que las empresas estén al día en cuanto a entender de lleno sus implicaciones. De hecho, la estrategia general para muchas implementaciones de medios sociales se limita a suspirar de alivio en el corto plazo tras haber puesto en uso un medio social —cualquiera de ellos—. Los jefes de marketing y comunicaciones han sido encargados de mantenerse al día, de ponerse a tono con los tiempos y los nuevos medios para poder avanzar en sus carreras, y a menudo les resulta un gran alivio el hecho de que alguien en la oficina sabe enviar un tweet. Y así nace el "experto" en medios sociales de la oficina.

Pero ese experto que utiliza Facebook o MySpace, o sabe manejar YouTube y la blogosfera podría sin querer canalizar su entusiasmo de maneras que entren en conflicto con la marca de la empresa o su misión fundamental. Y en esta situación una política de medios sociales clara y explícita puede ser de gran valor. Si usted descubre una reserva de empleados que se sienten cómodos en el espacio de los medios sociales, ésto indica que están en ese espacio por razones personales. Si se les pide que cambien de papel para ser embajadores de su marca, es posible que la transición no sea completamente armoniosa.

Mientras que el tono y el estilo son cuestiones obvias, la aptitud para la captación de clientes es otro factor que vale la pena considerar antes de mandar a las tropas a enviar tweets. No necesitamos la ayuda de los medios sociales para comprender que los analistas internos a los que se coloca frente a los clientes pueden ser un poco demasiado francos y dar el mensaje equivocado a los consumidores, o demasiado técnicos, y crean así involuntariamente problemas que será necesario enfrentar.

Y los medios sociales son una fiera difícil de domar porque exigen la autenticidad y sinceridad. De ahí la urgencia de elaborar una política de medios sociales que establezca un marco sólido de expectativas corporativas, junto con la flexibilidad que los empleados necesitan para comunicar sin parecer un folleto institucional.

Los empleados necesitan saber qué está permitido y qué es inaceptable. Como la mayoría se estará comunicando de una manera novedosa para ellos —menos formal, más coloquial pero aún así enfocada en la marca (lo que, por cierto, no les pone ninguna presión)—, usted tendrá que brindar no solo parámetros sino mensajes de modelo que puedan servir de ejemplo tanto para comunicaciones óptimas como para comunicaciones que sería mejor arrojar en la papelera.

En casi todos los casos, las políticas de medios sociales deben incluir una parte de concientización y educación. Es importante comprender que la destreza en el uso de los medios sociales puede variar enormemente: desde los que se sienten insultados si se les pregunta si entienden el uso de los hashtags hasta los que se despiertan a la medianoche con un sudor frío por miedo de que un miembro de la alta gerencia los detenga en el corredor y los acuse de no conocer la diferencia entre MySpace y el espacio exterior.

Con los medios sociales no sucede lo mismo que con otras formas de comunicación corporativa, en las que los empleados están más que dispuestos a "dejar todo en manos de los expertos". Como los medios sociales se iniciaron en el reino de los "no expertos", el que no sabe nada del tema teme aparecer como tonto, desactualizado o tan útil como un casette de ocho pistas. De modo que la política corporativa de medios sociales puede servir también para entrenar al personal en medios sociales de una manera más discreta. A fin de cuentas, la meta es empoderar a los empleados pero sin que éso signifique darles la posibilidad de "correr con tijeras" o actuar de manera irresponsable. En cuanto a los medios sociales, si usted va a hacer buen uso de ellos, va a necesitar que el personal en el campo de batalla sepa manejarlos bien.

Algunos temas importantes para incluir en su política incluyen el tono y el estilo (por ejemplo, ¿se permitirá un tono menos formal?), los niveles de confidencialidad, los tipos de contenido y los temas relevantes. Específicamente, será conveniente confeccionar una política que tome en cuenta a los creadores, a los consumidores y el contenido mismo.

Para comenzar por los creadores: decida primero quiénes serán los que comuniquen basándose en los objetivos fundamentales de marca. ¿Qué estilo o tono usarán sus creadores? ¿Enviarán tweets o participarán en blogs con sus propios nombres (@Soledad o @Miguel)? ¿O se optará por una presencia institucional (@ TuMarcaAquí a través de la cual Soledad y Miguel compartirán un horario para enviar tweets)? Es preciso discutir estos detalles desde el comienzo para asegurar la comodidad de los empleados (algunos preferirán *no* estar asociados personalmente a los medios sociales corporativos en los que se les pedirá que trabajen), así como la integridad de la marca (por ejemplo, si Soledad se molesta y escribe sobre éso en su blog personal, ¿se asociará esto inmediatamente a las comunicaciones que ella produce en nombre de la marca?).

La decisión sobre el tono de sus comunicadores en los medios sociales —ya sea más institucional, divertido, informativo, amistoso, académico o gracioso— se basa en el objetivo final de la marca y el estilo que más la representa. Es posible que usted quiera una mezcla de voces, o varias personas, cada una con un tono y estilo distintivos. No olvide tener en mente al público y que el tono y estilo sean apropiados para sus expectativas.

Para identificar e implementar mejor la personificación de la empresa en los medios sociales, primero es necesario comprender quiénes están presentes en su espacio de redes sociales (o en el de sus competidores) y qué están publicando. Por ejemplo, si usted se dedica a fabricar utensilios de cocina de alta calidad y se entera de que en grupos de panaderos se hacen comentarios frecuentes sobre la falta de servicio al cliente en el mundo de los utensilios de cocina, o se alaba muchísimo la línea de atención telefónica permanente de algún fabricante de ollas y sartenes, es conveniente que recuerde estas tendencias al establecer sus propias pautas basadas en el público al que quiere atraer.

En cuanto al contenido mismo, tiene que empezar por identificar qué está de moda y qué no. Digamos, por ejemplo, que su empresa es una cadena de supermercados especializada en productos *gourmet* y su encargada de compras de hortalizas escribe un blog de la empresa sobre lo último en frutas y verduras. Si la misma empleada mantiene un blog personal y por casualidad menciona las naranjitas chinas que descubrió en un viaje a las islas, debe ser franca y explicar que trabaja para Todo Gourmet, pero que sus opiniones sobre los quinotos (o cualquier otro alimento perecedero sobre el que elija hablar) son las suyas y no las del negocio para el que trabaja y escribe blogs.

He aquí algunos ejemplos de descargos de responsabilidad:

Las opiniones y posiciones aquí expresadas son mías y no reflejan las de Todo Gourmet.

Atención: El contenido publicado en este sitio se basa en la opinión personal del autor y no refleja las opiniones de Todo Gourmet.

Otro ejemplo, para pecar de cauteloso en extremo:

Las opiniones en este blog se basan en mi punto de vista personal. No son las opiniones de mi empleador. Este blog, las entradas aquí escritas o cualquier información presentada en este sitio tampoco reflejan de ninguna manera las opiniones de mi empleador o de personas asociadas conmigo.

Al diseñar la política de medios sociales de su empresa, tenga presente que debe ser un documento fluido que evolucione con los cambios en la tecnología y las aplicaciones. Las pautas deben abordar áreas de contenido tales como la mejor manera de lidiar con los comentarios negativos (por ejemplo, no borrarlos pero sí responderlos dentro de las 24 horas de recibidos; reservar el derecho a borrar comentarios inapropiados, subidos de tono o directamente ofensivos; etc.). Asimismo, debern establecer si los comentarios personales o cuasipersonales encajan o no dentro del enmarque de lo permisible (por ejemplo, las discusiones sobre su gato, Pipo; el clima en León, México; o la fiesta navideña para el personal de la oficina que tendrá lugar en un hotel de cinco estrellas).

A fin de cuentas, la política debe reflejar lo fundamental de toda práctica óptima para los medios sociales: agregar valor. Lo que debe subyacer a cualquier cuestión de tono, estilo o política de aceptación o rechazo de contenidos debe ser el valor que agregue para su público. La pregunta que se debe formular es, "¿le aporta algo este contenido a mi marca?" O sea, ¿crea un sentido de comunidad? ¿Resuelve un problema? ¿Fomenta la relación con líderes de opinión claves? ¿Responde a una pregunta habitual? ¿Aclara una característica del producto? Si así es, pues, claro, agregue este comentario a la conversación. Si no puede contestar que sí, entonces vuelva a pensar el contenido.

Efectivamente, su política de medios sociales debería ser más una guía de prácticas óptimas que una amenaza sutil del departamento legal.

Por otra parte, no es necesario que el documento que enuncia la política sea largo ni que esté lleno de jerga legal. Pero sí es preciso que ofrezca una orientación clara en cuestiones tales como qué está permitido y qué no; cuándo divulgar información y cuándo retenerla; con quién consultar cuando uno no está seguro de si un contenido es aceptable; y cuándo tiene sentido hablar primero con el departamento legal. Recuerde que todo ésto tiene que ver con la captación de clientes; por eso, las normas de interacción deberían establecerse desde un principio y seguir evolucionando con la organización.

Es interesante notar que incluso la jerga legal bien establecida ha cambiado dentro del contexto de los medios sociales. A aquellos empleados del departamento de marketing que han experimentado tratando de hacer entrar varios párrafos de letra chica en algo tan aparentemente inocuo como un concurso infantil de dibujo, seguramente los alegrará este ejemplo: Dunkin' Donuts ofrecía una promoción, "2009 #HoliDDay Twitter", en la que invitaba a los usuarios a enviar tweets respondiendo cómo Dunkin' Donuts los ayudaba a "seguir en movimiento", tema basado en el lema de la empresa "Estados Unidos se mueve con Dunkin'", durante la época de Navidad. El premio era una tarjeta de regalo de Dunkin' Donuts por US$ 50. Junto con las bases de la promoción, Dunkin' Donuts presentaba en su sitio web la obligada jerga legal, pero con un delicioso giro inspirado en los medios sociales:

REGLAS PARA CONCURSOS EN REDES SOCIALES*

Lo primero que tienes que saber es que son aplicables las Condiciones de Uso del Sitio y Política de Privacidad de www.DunkinDonuts.com, salvo alguna modificación que se indique más abajo. Compréndelas. Vívelas. Y vuelve a revisar aquí con frecuencia ya que podemos cambiarlas en cualquier momento.

Lo siguiente es que no te entusiasmies demasiado. Lo que planeamos regalar (probablemente) no te hará ric@ ni más guap@ ni famos@.

Por si no resulta obvio: no tienes que comprar nada para participar, jugar o ganar. Cualquier impuesto que se aplique sale de tu bolsillo.

Si enviamos un "tweet" o un mensaje del día, de la semana, etc., o decimos que vamos a elegir nuestra respuesta favorita sobre algo, seremos nosotros quienes elijamos la que nos guste. Punto. Lo mismo si decimos que vamos a escoger más de una.

Si ofrecemos algo a los primeros X "tweets" o respuestas que recibamos, la cuenta se basa en el orden en que los recibimos. No es nuestra culpa si falla alguna computadora o un proveedor de Internet, si se pierde potencia eléctrica, si el perro se come tu "tweet", si el perro se come nuestra conexión, si el perro se come tu computadora, si el perro te come a ti, etc. Y si queremos, podemos alargar o acortar el tiempo de respuesta.

Lo mismo si pedimos que votes.

También nos reservamos el derecho a excluir a cualquier participante de la competencia si determinamos que su nombre de usuario, su información de perfil o sus "tweets" en general son ofensivos.

Al jugar, nos autorizas a usar tu nombre y la información de tu perfil para anunciar al ganador. Si quieres saber quién ganó, visita el sitio web que corresponda, pero hazlo rápido ya que los nombres no estarán disponibles por mucho tiempo (alrededor de 2 días).

Lo que nos envíes se convierte en nuestra propiedad.

Si tienes la suerte de ganar una de estas competencias, necesitaremos obtener información tuya para poder enviarte el premio. Si no nos das información suficiente para contactarte, el premio pasará al siguiente candidato.

Por favor, no juegues si eres menor de 13 años. Tu mamá, tu papá u otro adulto responsable tendrán que firmar una declaración jurada a tu nombre si eres menor de 18 años.

Nuestros empleados, licenciatarios, vendedores y competidores no pueden ganar (nuestros) premios. Si preguntamos, tienes que confirmar tu elegibilidad.

Espéralo, espéralo, espéralo… Aquí viene: ¡La promoción no es válida donde esté prohibida!

Y eso es todo. Sencillo, ¿no? [3]

Ojalá toda la jerga legal fuera tan alegre y fresca como esta.

Nota: en la sección *Guía de supervivencia: enlaces útiles* que se encuentra al final de este libro, encontrará enlaces a ejemplos de políticas de medios sociales de una amplia gama de empresas y actividades.

---

[3] https://www.dunkindonuts.com/contests/socialrules.aspx?cmpid=referral_000016

5

Evaluando el compromiso corporativo

S I USTED PIENSA EMBARCARSE en un esfuerzo intensivo para utilizar los medios sociales en su organización, el primer paso debería ser una visita al salón de directorio. Evalúe el compromiso por parte de la gerencia con los medios sociales, siendo lo más honesto posible consigo mismo, con el propósito de saber en qué se está metiendo y qué clase y grado de apoyo puede esperar. Pero no confunda sus preferencias personales con el compromiso corporativo.

Por ejemplo, Ed Whitacre, el recientemente designado CEO interino de General Motors, no tiene computadora en su oficina ni es muy aficionado al correo electrónico, pero su compromiso con los medios sociales —y francamente, con cualquier tipo de medios que puedan fomentar el diálogo y la comunicación con los empleados y los interesados— es fuerte, según Mary Henige, Directora de Medios Sociales y Comunicación Digital de General Motors.

Como especialista en marketing, quizás usted haya tenido que enfrentar las demandas irracionales de la alta gerencia para lanzar a su empresa de inmediato a la marea de los medios sociales. Si bien las tácticas mismas pueden resultar la mejor opción en el avance de los objetivos corporativos que su equipo de marketing haya planteado, la ansiedad inicial se basa en el hecho de que a menudo la alta gerencia no tiene muy en claro qué está pidiendo, ni por qué.

Si todavía no ha tenido una de estas conversaciones con alguien de su empresa, créanos: tarde o temprano la tendrá. Y si en efecto recibe un pedido relacionado con "algo de éso de Twitter" o "el Facebook", sepa que aquí es donde su labor como profesional en estos campos se vuelve crucial, puesto que primero que nada tendrá que entablar una espinosa conversación para comprobar si el o la que hace el pedido sabe de qué está hablando.

Pero dicha conversación no tiene que ser nada difícil, y según nuestra experiencia la información básica que usted necesita para determinar cuáles serían las mejores recomendaciones se obtiene con una simple pregunta: "¿Por qué?" Esta pregunta abre la puerta a otra seguidilla de preguntas importantes como "¿Qué intenta lograr?" y "¿De qué manera cree que abrir una cuenta en (y aquí coloque el nombre de la aplicación *du jour* de medios sociales) nos ayudará a lograrlo?"

Otro buen consejo: empiece por la *meta* y no por la *herramienta*. Muchos encargados de la comunicación corporativa simplemente se rinden ante el pedido de la gerencia de abrir un blog o invadir una red social existente para enterarse de qué están pensando los clientes. Le convendría ignorar esta presión. A veces lo único que se requiere es una simple conversación similar a esta:

Director de Marketing: "Usted mencionó que quiere que la compañía empiece a utilizar Twitter. ¿Conoce esta aplicación?"

CEO: "No, pero mi hija la utiliza y todas sus amigas también."

Director de Marketing: "¿Y qué tipo de negocio dirige su hija?"

CEO: "Bueno, negocio en sí ninguno… mi hija tiene 14 años y está en la secundaria."

Director de Marketing: "No más preguntas. Olvídese de Twitter."

Bien, este ejemplo es obviamente un chiste, pero la moraleja va en serio. Si usted sospecha que el equipo de gerencia sabe poco de una herramienta cuyo uso está exigiendo, tómese el tiempo para educarlos en la aplicación: qué es, cuánto costará en términos de recursos de personal y cómo se podría utilizar para lograr un objetivo empresarial. Es importante notar también la distinción entre el uso personal y la aplicación corporativa; debemos insistir en esto hasta la saciedad.

Educar y crear conciencia son tareas fundamentales, ya que algunos pedidos bien intencionados de los directivos que no conocen bien las tácticas de medios sociales pueden fácilmente culminar en errores públicos. No es éste el momento de decir "amén" a los gerentes sénior simplemente porque se sienten fuera de la onda en el nuevo espacio mediático. Por otra parte, es una oportunidad excelente para iniciar un diálogo que aborde las metas, el compromiso corporativo y los recursos necesarios.

No permita que el exceso de entusiasmo de los directores lo desvíe de su trabajo, el cual involucra mantener un enfoque claro en los resultados y objetivos, junto con las mejores herramientas para lograrlos. Tenga claro desde un principio que usted planea utilizar un blog corporativo como herramienta para el desarrollo de la marca o como generador de contactos. Y tenga en mente antes de empezar cómo va a medir su eficacia.

Algo que puede convertirse en una trampa para muchos especialistas en marketing y comunicación corporativa que escriben en nombre de la gerencia sénior es que las normas de interacción en el espacio de los medios sociales cambian constantemente. Si el Director de Finanzas de la empresa quiere escribir blogs, evalúe su destreza en la redacción. ¿Es agradable en el trato? ¿Puede dedicar a esta actividad el tiempo que demanda con la regularidad necesaria?

Si bien es cierto que usted puede ofrecer retoques y sugerencias, la clave para un blog eficaz es establecer una voz auténtica y no un portavoz institucional. Bill Marriott es un ejemplo estelar de cómo un CEO le tomó el gusto a escribir blogs y estableció una voz consistente y un mensaje con el que su público se identifica.[1]

Como consejero en asuntos relacionados con marketing y comunicaciones, usted querrá mantener en cualquier decisión que tome, el juicio y la astucia que lo ha llevado hasta este punto en su carrera. Los medios sociales requieren una porción extra de pensamiento racional de parte de los líderes del proceso para lograr los máximos resultados.

Si su empresa no tiene una personalidad definida, piense en los medios sociales como un modo de crear una que refleje sus valores fundamentales. De nuevo, la clave para los medios sociales es, en efecto, "lo social". Esto significa que usted tiene que interactuar con el público de una manera más personal y coloquial, a la vez que mantiene cierto nivel de profesionalismo.

Tendrá que probar ciertas estrategias en un estanque más pequeño antes de lanzarse a la piscina olímpica. Supongamos que

[1] http://www.blogs.marriott.com/

usted difunde en su oficina una convocatoria para asistencia en los medios sociales y cinco personas se ofrecen. Luego, usted se da cuenta de que dos de ellos en realidad no redactan bien y los otros tres, aunque tienen buenas intenciones, están demasiado ocupados con su trabajo habitual como para poder asumir otro compromiso. Bueno, es hora de concebir un plan B.

Bien sea en caso que esté usted lanzando el uso de herramientas de medios sociales como respuesta al entusiasmo de la gerencia o que esté intentando convencer a la gerencia de la importancia de estas herramientas, la meta siempre debe ser comenzar de manera modesta. Un salto gigante que haga chocar a la empresa de cabeza contra el pavimento es la manera perfecta de garantizar un lugar *fuera* del paisaje de los medios sociales. Mejor es cosechar éxitos pequeños que usted pueda transformar más tarde en campañas auténticas.

Los medios sociales no son gratis; por eso es vital construir una fuente contínua de apoyo financiero a medida que evolucionen sus esfuerzos. Una trampa que hay que evitar por todos los medios es el abordaje "comenzar–detenerse–recomenzar", en el cual una empresa produce algunos blogs buenos, se desvía durante la temporada de ganancias, se calla por unos meses, y finalmente regresa para preguntarse adónde se ha ido su público. La consistencia es clave, así que comprométase completamente antes de empezar para conseguir los mejores resultados.

También es preciso saber desde el comienzo quiénes estarán participando. ¿Habrá varios twitteros en Twitter? ¿Bloggers invitados en el sitio web de su CEO? Si se establece una expectativa desde el comienzo, la gente entenderá adónde es usted quiere dirigirse. Si no les comunica qué dirección piensa tomar, o si se detiene con frecuencia en paradas imprevistas, es muy probable que su público elija otro modo de transporte para llegar a su destinación final.

Según nuestra experiencia, escribir blogs y tweets por obligación no siempre resulta eficaz. Si la compañía lo apoya y quiere participar, fenomenal. Pero si no es el caso, reconsidere su estrategia para adaptarla al nivel de compromiso de la empresa. Algunos CEO son más activos que otros. Tony Hsieh, ex CEO de Zappos, una empresa de ventas al por menor en línea, es un ejemplo destacado de un ejecutivo corporativo altamente comprometido con el espacio de los medios sociales. Simple y llanamente, puso manos a la obra e hizo que los medios sociales trabajaran a favor de su marca.[2]

Southwest Airlines es otra empresa que saca más provecho que la mayoría en los medios sociales. Obviamente, esta aerolínea tiene una entusiasta defensora en Christi Day, la especialista en medios emergentes de la empresa y conocida en Internet por su apodo en Twitter (@Christi5321). Christi saca provecho de su personalidad efervescente para crear interacciones personales con los seguidores y fans de la aerolínea. Pero más allá de su personaje de ex porrista, la misión implícita de Day es asegurar que las crisis se diluyan antes de producirse, gracias a sus reacciones rápidas y super enfocadas. Esto conlleva que ella se mantenga al día en el monitoreo de los clientes, seguidores y fans de Southwest, lo cual constituye una gran parte de su rutina cotidiana laboral.

De hecho, Southwest Airlines ha llegado a ser un ejemplo emblemático de cómo hacer lo correcto en los medios sociales, tanto en su blog *Nuts About You* ("Loco por ti"), como en su cuenta Flickr donde ofrece a quienes les gusta mirar aviones un sitio donde los fans pueden subir todas sus fotos impresionantes de

---

[2] http://blogs.zappos.com/blogs/ceo-and-coo-blog

despegues y aterrizajes; y también en la presencia corporativa en Twitter, de donde han surgido unas anécdotas legendarias —como la del ministro que quedó varado en el aeropuerto, envió un tweet sobre su situación y encontró hospedaje para la noche—, noticias de retrasos de vuelos y gangas increíbles en vuelos con descuento.

A principios de 2009, un auxiliar de vuelo de Southwest, David Holmes, fue grabado por una pasajera con su celular mientras "rapeaba" antes del vuelo las instrucciones de seguridad que normalmente son aburridísimas. La pasajera le dijo que iba a publicar el video en YouTube y él la desafió a hacerlo. Ella lo hizo, y el video de su rap fue tan exitoso que le ganó a Holmes comparecencias en programas como *Jay Leno* y *Late Night with David Letterman*.

Entonces Holmes grabó otra actuación de rap en la asamblea general de accionistas. Se llamaba "*GAAP Rap*", y se basaba en el texto modelo sobre los Principios de Contabilidad Generalmente Aceptados (GAAP por sus siglas en inglés) —un documento muy bien conocido como cura instantánea para el insomnio—. El rap fue aplaudido con un entusiasmo desmesurado por los accionistas.

A diferencia de muchas empresas que han perdido el hilo de sus esfuerzos en los medios sociales, Southwest ha brillado en este espacio, y es que tiene necesidad de hacerlo. En algún momento, un avión se estrellará, un vuelo se retrasará por más tiempo de lo aceptable o surgirá una crisis de seguridad nacional o entre los pasajeros. Son hechos inevitables de la actividad. Pero cuando la crisis sobrevenga, a lo mejor Southwest podrá estar un poco más tranquila que otras aerolíneas, porque tendrá un grupo entusiasta de líderes de opinión y bloggers influyentes para apoyarla, tanto en los buenos tiempos como en los malos. Es en situaciones semejantes cuando los medios sociales pueden convertirse en una herramienta realmente útil.

6

Del campo de entrenamiento al campamento básico: planificando una misión eficaz

A USTED LE CONVIENE PLANIFICAR su primera aventura en los medios sociales de la misma manera en que planea cualquier otra campaña de marketing, salvo por el hecho de que con los medios sociales comprenderá más a fondo a sus clientes aún antes de haberse lanzado. De hecho, es necesario que entienda bien en qué sitio(s) se está reuniendo su público principal antes de formular su plan. La clave es desarrollar desde un comienzo los parámetros que definan su estrategia. De lo contrario, verá a su personal envuelto en un torbellino de medios sociales —enviando tweets y publicando entradas en los blogs todo el día— sin obtener resultados visibles.

Lo primero que hay que hacer es establecer un punto de referencia en cuanto al público principal que usted intenta captar. La regla a que más se acoge la gente astuta 90% del tiempo y sobre la que habla el 10% restante nunca ha sido más válida que en el caso de los que están pensando lanzar un plan de medios sociales.

En los medios sociales reina la conversación, y para lograrla se necesitan canales diseñados para promoverla y facilitarla.

Cuando asiste a un cóctel y ve a una persona con la que quisiera conversar para venderle su producto, es probable que usted no se precipite a soltarle su "pitch" de inmediato. Primero se detiene un rato a observar. Quizás busque a alguien que conozca a esa persona para que los presente. O tal vez se sume a alguna conversación que esté ya en progreso para comprender mejor cómo puede agregarle algo interesante. Cualquiera de éstas acciones es una forma viable de proceder *antes de* ahondar la razón principal por la que está usted presente. Debería ser lo mismo para los medios sociales. He aquí algunas preguntas para ayudarlo a formular su plan:

- ¿Cómo ubicará a los consumidores en las redes sociales?
- ¿Cómo mudará su base previa de clientes a redes sociales activas, para captarlos con más eficacia? Si los clientes se niegan a mudarse, ¿qué les puede aportar usted mediante sus redes sociales preferidas?
- ¿Dónde, cuándo y cómo se introducirá usted en sus conversaciones?
- ¿Qué mensajes aceptará su grupo meta en sus redes?
- ¿Monitoreará usted sus actividades? Si así es, ¿de qué modo y con qué frecuencia?
- ¿Cómo creará usted una interacción sostenida una vez que la relación se haya establecido?

Esto puede parecer demasiado para abordar de una sola vez, pero es conveniente que usted empiece el proceso con el monitoreo de actividad en los sitios para determinar dónde es que se encuentran sus grupos meta. Esto se puede hacer de varias maneras, y existen herramientas útiles que lo pueden ayudar. Entre ellas se encuentran Search.Twitter.com; Yahoo Pipes, un programa que permite que los usuarios reúnan contenido específico para satisfacer sus necesidades e intereses mediante la creación e inscripción en flujos ("*pipes*"), que son concatenaciones de información sobre temas determinados (por ejemplo, para los amantes de los perros en México, D.F., los fanáticos de las manualidades en Buenos Aires, los coleccionistas de sellos postales, etc.); o Technorati, un programa para detectar los principales blogs que leen o en los que participan sus clientes o para búsquedas de palabras clave en los sitios de medios sociales. Estas herramientas pueden darle una pista de dónde estará su público.

Entonces, lo primero que tiene que hacer es identificar el grupo meta. ¿Sabe dónde está su público? ¿Está leyendo blogs? ¿Está haciéndole un seguimiento a la competencia en microblogs? ¿Está activo en redes sociales? ¿Está publicando en foros de discusión? ¿Está inscripto en podcasts o fuentes RSS? ¿Sigue blogs de video? Si usted tiene esta información antes de entrar en el espacio de los medios sociales, no tendrá que después que preguntarse qué errores cometió en sus esfuerzos de captación.

Una vez que haya establecido una base de referencia con algunos de sus clientes más interesados o clientes potenciales, el próximo paso es determinar quiénes entre su personal son los más indicados para interactuar en nombre de su empresa. Una manera simple de reclutar sus tropas es empezar por identificar a los jefes de aquellos departamentos de los cuales sus clientes estarían más interesados en recibir información. Determine si estos jefes pueden representar a su marca de manera apropiada, si sus destrezas comunicativas están adecuadamente afiladas y sobre todo si están interesados en participar. Aún los que están ansiosos por escribir blogs sobre las quejas más frecuentes en cuanto a servicio al cliente —y por ofrecer soluciones— deben recibir un entrenamiento previo.

Y ese entrenamiento comienza con su política de medios sociales (ver el capítulo 4). Muchas empresas cometen el error de ofrecer una política llena de prohibiciones. En las mejores políticas de medios sociales, en cambio, predominan los permisos, junto con reglas de interacción, como por ejemplo qué contenido es aceptable y cuál no. Así, los empleados sabrán que está bien hablar de sus planes personales de organizar una venta de objetos usados en su patio el próximo fin de semana; y que no está bien revelar el inminente lanzamiento de un nuevo y muy esperado producto de la empresa. El tono y el estilo también deben formar parte de la política y del entrenamiento, de modo que los empleados sepan no solo qué decir sino cómo decirlo de la manera que mejor represente el posicionamiento de la marca.

En estos temas, es mejor que no dé nada por sentado, en especial porque los niveles de formalidad pueden ser muy subjetivos. Si quiere ofrecer una imagen amistosa y amable, pero no quiere jerga, argot o acrónimos, aclárelo explícitamente para que todos los miembros de la empresa tengan en claro las expectativas. Ofrezca ejemplos para resaltar el tono y el estilo óptimos.

Comprender el abordaje que quiere adoptar —o sea, su estrategia— es el próximo paso clave. Es en este punto donde muchas compañías sabotean sin querer sus propios esfuerzos. Piensan que deben entrar al espacio a todo tren, cuando en realidad es más inteligente escoger sólo dos o tres sitios de redes sociales principales y evaluar factores tales como la cantidad de tiempo que requiere el personal para producir y publicar el contenido y monitorear sus efectos. Si su personal se siente abrumado por el trabajo de actualizar la página de Facebook de la empresa y el blog semanal, entonces aplace el lanzamiento de nuevas herramientas hasta que se hayan acostumbrado a la rutina, y hasta que usted sea capaz de determinar el rendimiento del esfuerzo.

Por supuesto, además de las estrategias de captación que usted desarrollará dentro de sus propias cuentas en medios sociales, también es conveniente que se asegure de crear una presencia en las redes de otras personas como modo de establecer una presencia más penetrante en la Web. Esto se puede hacer de una forma bastante simple, por ejemplo, ofreciendo comentarios en blogs relevantes de su sector de actividad o contestando una pregunta en LinkedIn dentro de un grupo de interés pertinente para su mercado meta.

Creer que su flamante cuenta en Twitter o su nueva red social en KickApps atraerán público a su sitio por telepatía es otro error grave que han cometido muchas empresas. Como cualquier otra cosa, la promoción a través de los otros canales es esencial para el éxito. Por ejemplo, supongamos que usted está a cargo de marketing para la tequila Tres Lunas. Acaba de lanzar una cuenta de Twitter para la empresa y envió unos tweets con increíbles recetas de cócteles. Además, será anfitrión de una *"happy hour"* para lanzar una nueva línea de tequila. Pruebe utilizar estrategias tales como imprimir la cuenta de Twitter en las servilletas de cóctel. Dependiendo del nivel de conocimientos del grupo, podría también incluir un mini-seminario sobre cómo usar Twitter y un incentivo para inscribirse (por ejemplo, "Envía un tweet sobre tu manera favorita de disfrutar Tres Lunas y gana una botella de 1,75 litros. ¡Un premio por día hasta el 30 de junio de 2010!") La idea es incorporar los íconos de sus sitios de medios sociales en todos sus esfuerzos de marketing para que estos empiecen a rendir resultados. Después de todo, ¿para qué sirve enviar tweets al vacío?

Pero antes de implementar cualquiera de las sugerencias mencionadas, primero debe estar seguro saber qué persigue con esas acciones y qué indicadores le señalarán que la campaña ha sido un éxito. Recuerde que no se trata de una cuestión de cantidad. Hay clientes que nos dicen que su meta es tener "10.000 fans en Facebook" o "5.000 seguidores en Twitter para el final del trimestre". Si bien no subestimamos la atracción de las masas, un objetivo más realista y útil puede ser enfocarse en interacciones de calidad. ¿Se ha comunicado con más gente o con diferentes grupos? ¿Ha empezado a conocerlos como líderes de opinión, como partidarios, o incluso como detractores de su marca? ¿Ha capacitado a los consumidores para que conozcan mejor su marca?

Si su objetivo es agregar personalidad al posicionamiento de su marca, ¿puede observar signos de que ésto esté ocurriendo? Los indicadores del éxito en los medios sociales son diferentes de los indicadores del marketing tradicional, y a menudo el éxito y el fracaso se acercan mucho. Usted puede fracasar en la captación de un público significativo, o su concurso puede lograr muy poca participación; pero en medio de todo esto, tal vez se haya topado con un puñado de seguidores locamente entusiasmados con la marca que están encantados de interactuar con ella de una manera más íntima. Y éso ya de por sí es un éxito.

Una vez que haya considerado todas las acciones mencionadas en este capítulo y haya establecido expectativas razonables, estará listo para entablar con los interesados interacciones valiosas que vuelvan a posicionar su marca mediante la voz del consumidor. En una época en que reina la venta de igual a igual, esa es precisamente la mejor dirección para su empresa.

7

¿Es usted nuevo en los rangos de los medios sociales? No grite, pero tampoco susurre

STABLECER UN TONO MENOS INSTITUCIONAL —o incluso una personalidad impactante en los medios sociales— puede resultar algo problemático para las organizaciones. Algunos ofrecen sus opiniones personales junto a una dosis del mensaje de la marca, como si estuvieran conversando con sus colegas durante el almuerzo. Esto tiene su lado bueno y su lado malo. Lo bueno: los medios sociales funcionan mejor con una personalidad que muestre a los consumidores que, detrás de la marca, hay en realidad seres humanos. Lo malo: los medios sociales no funcionan si la personalidad no está alineada con la marca, o si la eclipsa.

Mientras que los medios sociales han otorgado a los profesionales de marketing y a los usuarios comunes y corrientes de los medios virtuales la oportunidad de expresar sus opiniones como nunca antes, a veces ésto se ha traducido en una pérdida de cortesía en las condiciones de interacción. Piense, por ejemplo, en Lance Armstrong y su insulto en Twitter contra su compañero de equipo en el Tour de France, Alberto Contador. En un mundo donde cuenta mucho la marca personal, no recomendaríamos una acción como ésta, y menos tratándose de un ícono deportivo conocido en todo el mundo.

Otro ejemplo es el tweet que a principios de 2009 envió un (ahora ex) vicepresidente de Ketchum, una empresa de marketing y relaciones públicas. El jefe sénior en cuestión envió este tweet desde su cuenta de Twitter el día anterior a una reunión en la sede de FedEx en Memphis, Tennessee, en la que haría una presentación sobre los medios digitales para el grupo de comunicaciones mundiales de esa empresa:

Les confieso algo: Estoy en uno de esos pueblos donde me digo a mí mismo: "¡Me moriría si tuviera que vivir aquí!"[1]

He aquí la respuesta de los empleados de FedEx:

Muchos de mis colegas y yo pensamos que su comentario es inapropiado. No sabemos cuántos millones de dólares paga la FedEx Corporation a Ketchum cada año por el trabajo valioso e importante que su empresa hace para nosotros a nivel mundial. Confiamos, sin embargo, en que paga lo suficiente como para esperar un nivel mayor de respeto y conciencia por parte de alguien en su posición como vicepresidente y jugador global principal en su sector. Un peligro de las redes sociales es que la gente lee lo que uno escribe. Le confesamos algo: muchos de mis colegas y yo no creemos que su presentación de esta mañana sea de mucha relevancia para el trabajo que hacemos en el Departamento de Comunicaciones con los Empleados.[2]

---

[1] http://twitter.com/keyinfluencer (14 de enero de 2009).
[2] http://www.davidhenderson.com/2009/01/21/key-online-influencer/

Aparte de la moraleja obvia —"No insulte al cliente ni a su ciudad natal"— esta anécdota aleccionadora no nos es tan ajena al resto de nosotros como pudiéramos pensar. De hecho, nos convendría a todos aprender de un error que fácilmente podríamos haber cometido y que nos enseña que las líneas entre el espacio público y la comunicación personal pueden borrarse en un instante. Enviar tweets es publicar en un espacio público. Aunque sus competidores o sus clientes no lo sigan directamente, nunca debe pensar que está solo en un cuarto con sus colegas y amigos. El espacio público es público, y los grados de separación son pocos y están disminuyendo.

La mayoría de las reglas de los nuevos medios no son nada nuevas. Por ejemplo, parece muy apropiada la que dice que "sólo porque se pueda hacer no significa que se deba". Los medios sociales nos dan la posibilidad de enviar reseñas mordaces, ataques personales y comentarios injuriosos en cuestión de minutos. Pero los profesionales de marketing y comunicaciones saben que estos envíos de celebridades, jefes corporativos y empleados furiosos terminan siendo la base de posteriores campañas de lavado de imagen, y en general es mejor evitarlos.

Los medios sociales nos otorgan el poder de diseñar el futuro de las marcas que representamos, tanto las que nos encantan como consumidores como las que consideramos que no han cumplido su propuesta de valor y nos han decepcionado. Pero cualquier poder conlleva una responsabilidad de tomar en cuenta las consecuencias de nuestras acciones. Aunque lanzar una diatriba iracunda contra uno de los salones de fiestas infantiles más importantes puede aliviar su ira si el servicio fue pésimo durante la fiesta de cumpleaños de su hijo, la reacción en cadena que ésto genere puede sobrevivir más tiempo que la furia que usted sintió en ese momento.

Los medios sociales tienen una permanencia inigualable: una vez lanzado el mensaje; retirarlo es difícil en las mejores de las circunstancias, e imposible si el mensaje ha prendido en la imaginación del público. Por eso, la mejor regla es recordar que si los "medios" son "sociales", es porque crear una interacción social involucra cortesía, sentido común y las mismas reglas del juego que ya conocemos. En concreto: si se hace lo correcto, no obstante en qué medio, no se quedará desvelado en la noche, sudando frío por las consecuencias de un error de 140 caracteres.

8

Reconozca el ambiente y el terreno

MEJOR. MÁS RÁPIDO. MÁS BARATO.

A MUCHOS DE NOSOTROS se nos ha encargado enfocarnos en estas áreas, no obstante nuestros respectivos papeles en la empresa. De hecho, una empresa con la que trabajamos mantenía un informe mensual llamado "*Better, Faster, Cheaper*" ("Mejor, Más Rápido, Más Barato" o BFC por sus siglas en inglés), en el que los empleados debían sugerir una idea sobre cómo su departamento podía aumentar de modo continuo sus BFC, es decir, aquello que puede hacer mejor (B), más rápido (F) y más barato (C). Los medios sociales pueden ayudarle con la B, la F y la C, pero sólo si usted utiliza un abordaje astuto y comprende cómo manejarse en el terreno.

Si la gerencia sénior ha exigido un lanzamiento a todo tren de los medios sociales, pregúntese primero qué está haciendo la empresa en este momento. Si se le encomienda la génesis de una campaña de medios sociales, hágalo como correspondería a cualquier otra tarea, aunque en este caso tendrá que considerar algunos elementos adicionales, como las reglas básicas para avanzar los objetivos de la empresa.

Snap-on Inc. es una corporación con sede en Wisconsin (EEUU) que confecciona herramientas eléctricas y de mano y que ha estado sirviendo al público desde 1920, cuando era conocida como la Snap-On Wrench Company. Tiene casi 25.000 fans en Facebook, donde los fans fervientes de las herramientas que se han sumado a la página de la empresa pueden subir fotos, videos y comentarios sobre los productos de Snap-on. Alicia Smales, la portavoz de la empresa, comenta que la página corporativa en Facebook "nos permite comunicarnos rápidamente con fanáticos de todas las edades. Los fans de Snap-on comparten activamente sus historias y experiencias con nosotros. Es verdaderamente fascinante ver lo involucrados que están y el entusiasmo con que interactúan entre sí".[1]

El anterior es un gran ejemplo de cómo una empresa puede reinventarse y volver a captar a los consumidores una vez que comprende a fondo adónde se encuentra en términos de servicios y en torno a los medios y las necesidades de sus clientes.

Otra pregunta que usted debe formularse a medida que considera sus puntos potenciales de captación es si su empresa corre el riesgo de difundir información corporativa clave a través de los medios sociales, como secretos comerciales o información propietaria o de relaciones con inversionistas, que podría ser crucial para el éxito de la organización y devastadora si se difunde. Recuerde que aunque las reglas de captación pueden ser diferen-

[1] Gacetilla de prensa ubicada en
www1.snapon.com/display/231/ToolNews/.../2009/Facebook15000.pdf
La página Facebook de Snap-on Tools se encuentra en http://www.facebook.com/SnaponTools

tes, el equipo legal debería estar incluido desde el principio del proceso, para asegurar que no se desarrollen problemas en el futuro. Ser más rápido no significa tener ventaja cuando implica la violación de las normas fiscales de su país o genera preocupación entre los accionistas.

Recuerde que los medios sociales no empezaron como un conjunto de herramientas convenientes para el marketing, sino como una forma nueva de que la gente socializara unos con otros. Por consiguiente, cuando una empresa intenta infiltrarse en un espacio social, debe primero escuchar, ser transparente sobre a quién(es) representa, pedir autorización, tratar a los clientes con respeto y ofrecer valor en términos de interés y participación.

Una vez que usted haya determinado que su público —o por lo menos un segmento bastante atractivo o mayoritario — está en el espacio de los medios sociales, su próximo paso es determinar en qué posición se encuentran sus empleados con relación a los clientes y la marca corporativa. En un mundo ideal, los empleados son los embajadores de la marca empresarial y por ende representantes de la marca en todo espacio público, tanto durante la jornada laboral como en su tiempo libre. Y sin embargo, como seres humanos que son, los empleados se frustran o se enojan, perciben que se les da de lado cuando llega el momento de decidir promociones o simplemente chocan con otros colegas, y en entonces es que tienden a desahogarse con sus amigos y familias. Es muy probable que todos lo hayamos hecho en algún momento de nuestras carreras. El problema no es el contenido, sino el contexto.

Cuando las conversaciones con los amigos y la familia migran al espacio público para sus conversaciones personales, cambia la dinámica de maneras significativas. De repente, el modo en que sus empleados hablan de la marca corporativa en sus páginas personales de Facebook se convierte en un asunto suyo como parte de su negocio, y como hemos mencionado antes, debería convertirse en parte de la política de medios sociales de su empresa. No sólo *qué* publican, sino *cuándo*, puede volverse problemático para la marca.

Por ejemplo, si usted tiene un empleado que envía tweets sobre su empresa a título personal, y no como empleado, entre las 9:00 a.m. y las 5:00 p.m., ésto fácilmente podría llegar a ser objeto de conjeturas sobre políticas laxas en la empresa, o el tweet inicial podría inspirar un artículo sobre el aumento del número de empleados descontentos dentro de su empresa. Estas no son precisamente las llamadas por parte de los medios de comunicación que usted quisiera contestar. Por éso es de suma importancia no sólo educar sino hacer que sus empleados tomen conciencia desde el comienzo de lo que está permitido y lo que no. Y esta conversación debería siempre tener lugar dentro del contexto de su política de medios sociales.

Aunque su empresa no esté lista para lanzar más que un boletín informativo en línea, es crucial establecer una política para los empleados. Tenga en cuenta que lo que debe interesarle no es sólo el contenido y los canales, sino también lo que dicen los empleados en sus espacios personales. A los miembros del personal que están acostumbrados a compartir quejas sobre su jefe o su trabajo con sus amigos mucho de lo que dicen podrá parecerles inofensivo. Pero cuando se comunican con sus amigos en espacios públicos, la información que comparten ponen de inmediato en peligro inminente a su marca.

A veces sólo es necesario hacerles ver la conexión entre sus páginas personales en MySpace y las referencias a su marca, porque los empleados simplemente no han pensado en las implicaciones. En otros casos, es posible que usted tenga que intervenir con un pedido explícito para controlar a un empleado pícaro que tratando de hacerse el gracioso, representa de manera inapropiada a la empresa.

Si usted piensa que este tipo de actividades se restringe al personal de la oficina, considere el siguiente caso. En octubre de 2009, en el medio de la temporada de la Liga Nacional de Fútbol (americano) (NFL), Larry Johnson, el corredor de los Kansas City Chiefs, envió un tweet con un comentario ofensivo sobre Todd Haley, el jefe de entrenadores y otros compañeros del equipo después de un partido contra San Diego en que los Chiefs perdieron en grande, 1–6. Johnson envió el tweet desde una cuenta alias, "Toonicon" que está vinculada a su página web personal, lo cual facilitó el descubrimiento de la conexión. Después del incidente, Johnson volvió privada su cuenta de Twitter, pero la anécdota —y su efecto dominó sobre el propio jugador— sigue viva como parte del tema más amplio del uso personal y profesional de las aplicaciones de medios sociales.[2]

Así que cuando se trata del manejo de su marca, vale la pena considerar cautelosamente todos los aspectos, es decir, todos los potenciales diseñadores de contenido y todos los potenciales públicos.

El ejemplo que se cita con más frecuencia de una organización que realmente demostró conocer y comprender a sus diseñadores de contenido y a sus públicos es del comité que manejó la campaña presidencial de Barack Obama en 2008. Aunque probablemente usted haya leído sobre el uso de medios sociales en esa campaña, vamos a repetirlo aquí como "abecé" de la eficacia de los medios

---

[2] http://sports.espn.go.com/nfl/news/story?id=4596288 (27 de octubre de 2009).

sociales y cómo un estudio de caso fundamental que toda persona interesada en las tácticas de estos medios debe conocer.

Pese a algunos informes que sostienen lo contrario, tanto John McCain como Barack Obama tenían una presencia en los medios sociales, pero la diferencia en el impacto respectivo era enorme. Empecemos con un resúmen de los resultados: según un estudio compilado por Trendrr (5 de noviembre de 2008), desde las convenciones de los dos partidos hasta las elecciones de noviembre de 2008, Obama era mencionado en más de 500 millones de blogs, comparado con los 150 millones que mencionaban a McCain. Obama tenía 844.927 amigos en MySpace; McCain, 219.404. Asimismo, en Twitter Obama tenía 118.107 seguidores, mientras que McCain solo tenía 4.942.[3]

De hecho, la presencia virtual de Obama dejó atrás de forma significativa a la campaña de McCain en todos los espacios en línea, desde YouTube pasando por la posición de las páginas web de la campaña en el índice de Google, hasta Flickr y otros. La ventaja de Obama fue que el perfil demográfico de los que participaban en medios sociales tendía a concordar con el de los actuales votantes del Partido Demócrata. Por eso, la campaña de Obama contaba con la ventaja decisiva de tener diseñadores de contenido en la posición perfecta para lanzar un mensaje masivo en forma viral.

La campaña de Obama fue mucho más activa, mucho más astuta y se mostró mucho más cómoda con los medios sociales. Movilizó su apoyo de base popular utilizando tácticas de medios sociales como mensajes de texto y correo electrónico (por medio de mensajes con autorización previa); YouTube y otros sitios donde se comparten videos; usando eficazmente el banco de

---

[3] Frederic Lardinois, "Obama's Social Media Advantage" (noviembre de 2008). http://www.readwriteweb.com/archives/social_media_obama_mccain_comparison.php

datos de sus simpatizantes; manteniendo una presencia en donde estaban los usuarios; y empoderando y ofreciendo la posibilidad a la comunidad de moverse más allá de ese espacio mediante la participación activa en eventos, encuentros o campañas telefónicas. En concreto, lo mejor de la campaña mediática de Obama fue su capacidad de movilizar a los usuarios *más allá* del espacio de los medios sociales y *hacia* el mundo real.

Si bien hay que destacar que tenía a su disposición un presupuesto asombroso para los nuevos medios, alrededor de US$ 78 millones (así que no se desanime si usted está intentando lanzar una campaña semejante con un presupuesto de, digamos, US$ 100.000, o incluso solo US$ 5.000, y sus resultados no parecen ser los mismos), aún así la campaña de Obama hizo una inversión en medios sociales sabia y rentable.[4] El monto total gastado en Facebook fue US$ 467.000, pero se estima que la presencia de Obama en Facebook generó tanto zumbido, tantos donativos y votos, como todos los demás gastos combinados de sus anuncios publicitarios (los cuales sumaron cientos de millones de dólares).

El objetivo de la campaña de Obama fue recaudar fondos, crear conciencia y reclutar seguidores. Según el *Washington Post* (20 de noviembre de 2008), durante los 21 meses de campaña, Obama recaudó más de US$ 500 millones, la mayor parte de los cuales fueron obtenidos a través de contribuciones en línea. Además, reunió una lista de 13 millones de direcciones de correo electrónico y sus ayudantes enviaron 7.000 diferentes mensajes por ese medio, segmentados y orientados a distintos niveles de donantes; un total de 1.000 millones de correos electrónicos enviados.[5] Es más, un millón de personas se inscribieron en el programa de mensajes de

---

[4] José Antonio Vargas. "Obama Raised Half a Billion Online." *Washington Post*, 20 de noviembre de 2008. http://voices.washingtonpost.com/44/2008/11/20/obama_raised_half_a_billion_on.html
[5] Ibid.

texto de Obama, por el cual los seguidores recibieron entre 5 y 20 mensajes por mes, según donde vivieran y los tipos de mensajes que eligieran recibir (segmentados por estado, región, código postal y universidad).

El alcance de Obama incluyó una red social propia, pero también se crearon dos millones de perfiles; se planearon 200.000 eventos fuera de línea; se escribieron 400.000 entradas en blogs; y se crearon 35.000 grupos de voluntarios. A través de las páginas web de MyBarackObama (MyBO) generadas por los usuarios para recaudar fondos, 70.000 personas recaudaron US$ 30 millones, y los partidarios estaban entrenados para recaudar donativos de cantidades menores de amigos, parientes y colegas.

Pero la campaña de Obama también hizo máximo uso de las redes de otras personas (*other people's networks* u OPNs por sus siglas en inglés), consiguiendo así 6 millones de seguidores en Facebook, casi 500.000 seguidores en Twitter y aproximadamente 5 millones de partidarios en otras redes sociales. Obama mantuvo perfiles en 15 comunidades en línea y sus partidarios de Facebook crearon un grupo llamado "Estudiantes por Barack Obama", tan eficaz que los jefes de campaña la integraron oficialmente a su estrategia.

En total, 5,4 millones de usuarios de Facebook hicieron clic en un botón que decía "Yo voté" para hacer saber a sus amigos que habían acudido a las urnas, y en ese acto podemos ver una ejecución perfecta de la presión de los pares en línea. Pero mucho antes del final de la campaña presidencial, los asistentes de Obama ya estaban planeando la campaña post-electoral. Su sitio web de transición se lanzó dos días después de resultar electo. Se grabaron discursos en video y se archivaron en YouTube. Un correo electrónico con el título "¿Adónde vamos desde aquí?" ofrecía una encuesta detallada que pedía a los seguidores aportes sobre la dirección que se debía tomar en el futuro, y buscaba voluntarios comunitarios. *"Obama for America"* (Obama para América, OFA) se convirtió en *"Organizing for America"* (Organizar para América, u OFA2.0) para seguir sacando provecho de los esfuerzos de base. Lo interesante, y quizás lo problemático, es que es el Comité Demócrata Nacional (DNC por sus siglas en ingés) quien opera el OFA2.0, y este ya ha empezado a desarrollar planes para la campaña de reelección en 2012. De hecho, el presupuesto anual para OFA2.0 es enorme: US$ 75 millones.[6]

No importa en qué lado del espectro político está usted ubicado, la campaña presidencial de Obama marca un ejemplo sin precedentes del poder de los medios sociales para afectar la actividad en línea, y también fuera.

---

[6] M.J. Piskorski y L. Winig, "Barack Obama: Organizing for America 2.0." HBS No. 9-709-493. Boston: Harvard Business School Publishing, 4 de abril de 2009.

9

Los medios sociales, a salvo

S I SU EMPRESA ha estado tanteando los medios sociales o ya está participando activamente en ellos, quizás usted haya experimentado un fenómeno inesperado: la existencia simultánea de varias cuentas de Twitter, una cuenta de Facebook para cada una de las cinco submarcas, dos sitios en LinkedIn, unos cuantos portales en Internet y por supuesto, uno o dos sistemas como HootSuite o TweetDeck para manejar la actividad diaria en estas aplicaciones. Esta red de cuentas puede crear en usted la angustiosa sensación de que si pierde todos esos pedacitos de papel con la información de cada cuenta, sus esfuerzos en los medios sociales se perderán también.

Lo que es peor, ya no está seguro qué dirección de correo electrónico corresponde a qué cuenta dado que, para su comodidad, quien armó las cuentas fue su líder de proyectos. Pero ahora el líder de proyectos lo ha abandonado llevándose toda la información de las cuentas que armó, y la situación ha dejado de ser cómoda para usted. Es por eso que es necesario crear una forma segura de manejar sus diversas cuentas de medios sociales.

Tres medidas a tomar le darán tranquilidad:

1. DESARROLLE UN PLAN PARA CREAR CUENTAS

Para manejar varias cuentas dentro de una única aplicación, a menudo se requieren direcciones de correo electrónico distintas. Por éso, tiene que considerar un plan para crear las cuentas de correo electrónico que se utilicen en los medios sociales y decidir si tendrá —o necesitará— varias cuentas dentro de una única red social y cuáles serán las convenciones óptimas para nombrarlas.

Por ejemplo, ¿lanzará solo una cuenta para la marca principal en Twitter? ¿O será más eficaz para la marca tener distintas cuentas regionales? Si usted vende libros en toda América Latina y quiere difundir una serie de eventos en los que un autor firmará ejemplares, una cuenta de Twitter nacional puede resultar insuficiente, ya que a los clientes de México DF no les interesa el evento en Santiago de Chile el próximo miércoles por la noche. En este caso, establecer las cuentas @librosSCH, @librosMDF y @librosBA puede ser la estrategia más útil y eficaz a nivel local.

Las direcciones corporativas son de una importancia fundamental ya que las empresas están descubriendo cuan rápido se puede "hundir el barco" cuando un empleado que utiliza varias direcciones personales y de la empresa cambia de trabajo, y eso hace que algunas cuentas permanezcan inactivas o se vuelvan inaccesibles. El mejor consejo, en base a ésto, es utilizar cuentas de empresa que sean accesibles a varios usuarios y administradores sin afectar la seguridad individual o personal.

2. DETERMINE LA POLÍTICA DE SU EMPRESA PARA ASOCIAR INFORMACIÓN PERSONAL A LOS PERFILES DE LAS CUENTAS

Si, por ejemplo, usted quiere crear una cuenta en Facebook para Zapatillas Carlitos, será preferible crear una cuenta de empresa en lugar de una cuenta de usuario individual o un grupo en Facebook que administra Rosa González, una empleada que trabaja sólo los fines de semana y que además piensa regresar a la universidad cuando terminen las vacaciones del verano. Si la cuenta de Facebook de Zapatillas Carlitos está vinculada a Rosa, entonces ella quedará vinculada para siempre a Zapatillas Carlitos; y si Rosa se harta del calzado deportivo, será necesario crear una nueva cuenta. Así, se ve fácilmente hacia dónde se encamina esta situación: una ruptura en el flujo de comunicación, confusión en el mercado por el silencio repentino en sitios hasta ese momento activos, etc. Estos inconvenientes se deben evitar mediante la previsión y la planificación en la etapa inicial de establecimiento de cuentas.

3. ORGANICE SUS CUENTAS

Una simple hoja de cálculo en Excel puede obrar milagros cuando se trata de recopilar información de cuentas diferentes y crear una referencia útil que pueden compartir los usuarios principales. Hacer una lista con el nombre del sitio, la dirección de correo electrónico, el nombre de usuario y la contraseña para cada una de las cuentas le ahorrará tiempo y evitará la confusión en el manejo de múltiples sitios. También se puede invertir en un sistema para manejar contraseñas, como Password Manager Pro, que archiva las contraseñas de manera segura en un lugar centralizado.

Si alguna vez se ha preguntado, "¿Cómo nombré la cuenta en Flickr, minombre@estecorreo.com o minombre@esecorreo.com?" o "¿Cuál es la contraseña para el canal de Amantes de las Verduras en YouTube: 'verdu123' o '123verdu?'," entonces valorará la planificación inicial para lo que sin duda llegará a ser una colección creciente de cuentas de medios sociales.

10

Reclutando las tropas

S I USTED, desde el puesto laboral que ocupe, sea quien encabeza las tareas de comunicación, marketing o relaciones públicas, es probable que tenga que reclutar a gente que trabaje en su empresa y que esté interesada en los medios sociales. Si logra obtener apoyo de los directivos de su empresa, deje que quienes se apasionan con dichas páginas se ocupen de ellas.

¿Por qué? Porque estarán más dispuestos a tomarse el tiempo para hacerlo. Porque lo disfrutarán. Porque se sentirán más capacitados. Y porque en condiciones ideales, forjarán, con los componentes claves, relaciones que a su vez serán sus aliadas más fuertes, no sólo en los buenos tiempos sino, más importante aún, en los malos.

Antes de gastar todas sus energías en un romance efímero con los medios sociales, para después sentirse como un amante rechazado cuando la respuesta del público es, en el mejor de los casos, tibia, recuerde lo siguiente: la paciencia es una virtud que tiene un impacto directo en los espacios de medios sociales. Si piensa obtener un aluvión de seguidores al igual que algunos pocos videos y campañas de marketing que han logrado un éxito verdaderamente viral, reconsidere sus expectativas. Para empezar, es posible que no necesite un público masivo y viral para lograr su objetivo. En su lugar, tal vez sea suficiente una base pequeña pero dedicada.

Utilizar los medios sociales de manera eficaz es un trabajo que requiere mucho tiempo, y a menos que pueda dejar de asistir a reuniones, establecer contactos con colegas, presentar estrategias e implementar tácticas dentro y fuera del espacio de los medios sociales, va a necesitar ayuda.

La velocidad con que se pueden poner a funcionar las aplicaciones de medios sociales es sorprendente —*y no tiene nada que ver con la velocidad con que usted verá los resultados*—. Aunque toma menos de cinco minutos crear una cuenta en Twitter y enviar el primer tweet, puede tomar muchísimos meses establecer un público leal, y aun entonces el público de Twitter puede parecerse más a la hilera de pájaros que se posa en la cuerda donde usted tiende la ropa que a la bandada de gaviotas voraces que merodea su picnic en la playa.

Y así como es peligroso aceptar el mito de que la rápida creación de una cuenta implica la rápida adquisición de fans y seguidores, es igualmente imprudente presentarse en su empresa como un "experto" en medios sociales si usted no lo es. Si está encargado de organizar una campaña en esa área, sea honesto sobre lo que sabe y lo que no. Si sus vendedores le dicen que *ellos* son expertos, mejor busque otras opciones. La realidad es que las herramientas y las pautas son demasiado nuevas y se están aplicando con parámetros radicalmente diferentes (por ejemplo, con presupuestos enormes o sin ningún presupuesto; con equipos de diseñadores de contenido o con un único blogger).

Por eso, el mejor consejo para el profesional que hoy se encarga de liderar una campaña de medios sociales es que se convierta en un estudioso de los medios sociales y que por el camino del aprendizaje entrene a la gente de su entorno. El proceso cíclico de compartir las prácticas óptimas, aprender de los errores y fortalecer nuestros conocimientos colectivos sobre los medios sociales será la verdadera clave del éxito con los nuevos medios.

PARTE II
Para comenzar con el pie derecho

ON TANTAS HERRAMIENTAS, aplicaciones y estándares a su disposición, es fácil paralizarse frente a la pregunta "¿Por dónde empezar?" Esta sección esboza algunas de las mejores opciones para generar contenido diseñado con fin de atraer a su público hacia la participación activa. No las presentamos en ningún orden de prioridad, simple y llanamente porque no sabemos dónde se ubica la mayoría de su público en los espacios virtuales. Por eso, determinar los "mejores lugares" que puede utilizar es una cuestión que usted mismo tendrá que plantearse mientras examina algunas de las tácticas que presentamos para decidir cuáles pueden optimizar su capacidad de captar a su público.

11

Contenido, comunidad, comercio

ADA SU IMPORTANCIA PRIMORDIAL, empezaremos este capítulo con la moraleja: ante todo, y por encima de cualquier otra cosa que considere mientras diseña su estrategia de marketing y comunicación, su contenido —ya sea enlaces, fotos, video o un informe para los accionistas— debe estar preparado para los medios sociales. En otras palabras: si su contenido no es apto para la "revolución RSS-comparta-guarde-publique", entonces ni se moleste en lanzarlo. Y punto.

Ya no basta con simplemente crear el contenido y esperar que los visitantes lo encuentren. Así que, por ejemplo, mientras que publicar un blog pone a su empresa a la vista del público, lo que se conoce como RSS o "Sindicación Muy Simple" (*Really Simple Syndication*) la pone aun más a la vista del público. Esencialmente, la RSS es una familia de formatos para fuentes web (*web feeds*) que se utilizan para publicar contenido que se actualiza con frecuencia, como entradas en blogs, titulares de noticias y podcasts, entre otros. El objetivo de cualquier contenido creado por su empresa es sencillo: la sindicación. Es decir, usted creará un contenido y luego lo pondrá a disposición para su publicación en varios medios. Pensando en los consumidores, su objetivo será maximizar el número de suscriptores —los que se hayan inscrito para recibir su fuente RSS— ya que más suscriptores equivale a más consumidores.

Y ahora que la moraleja está clara, volvamos al orden normal de exposición del capítulo y veamos qué es lo que el contenido puede hacer por usted. Su contenido lo posiciona como el experto o el recurso definitivo para resolver los problemas de sus posibles clientes. Sea usted empresario o representante de un medio de difusión o de una marca importante, su objetivo es servir como fuente fiable de información y de consejos relevantes para su público meta.

En un mundo que ha perdido la confianza en el gobierno, en los medios de noticias (cuya imparcialidad se encuentra en tela de juicio), en los mercados financieros y en la economía global, es fundamental que usted y su sitio sean percibidos como consejeros de confianza. Y cada "consejero" debe abrirse un nicho de especialización. En el campo de juego de los medios sociales, nadie está exento.

Una manera de crear contenido es organizar y compartir la lista de "favoritos" de su empresa (por ejemplo, las marcas más populares, la mejor relación calidad–precio, lo más gracioso del año, etc.). De la misma manera que las redes sociales reúnen a personas con intereses semejantes y les permiten compartir entre sí, los servicios de gestión de marcadores sociales le permiten a su empresa a compartir contenido con los consumidores (por ejemplo, sitios, páginas, artículos, entradas en blogs).

Los marcadores o favoritos sociales, que es una aplicación de computación en nube, se han convertido en una manera maravillosa de captar público. En la Web 1.0 el usuario también podía marcar un sitio interesante o agregarlo como favorito, pero esa acción quedaba ligada a una única computadora. En la Web 2.0, los marcadores sociales son virtuales: son portátiles, se trasladan con el usuario y así tienen mayor alcance para permitir a otros usuarios descubrir lo nuevo y lo que está de moda —preferiblemente en términos de su marca—.

Los sitios sociales de noticias y marcadores permiten que los usuarios guarden, organicen y compartan sus páginas web favoritas en Internet (en lugar de mantenerlas sólo en sus propias computadoras). Los sitios sociales de noticias permiten que los usuarios propongan páginas web y artículos para que otros usuarios voten sobre su utilidad, su relevancia, etc. El número de votos determina cuáles de los artículos se presentan en ese sitio. Esto es beneficioso para su marca ya que amplía el alcance y la gama de oportunidad en términos de llegar a los grupos meta y mantenerse en el primer lugar en la mente de los consumidores.

Entre los principales gestores de marcadores sociales se incluyen Delicious.com, uno de los primeros servicios en este campo, Digg.com, Reddit.com y StumbleUpon.com. La colección de marcadores sociales de su marca informa a los consumidores sobre su identidad, cuánto entiende su empresa sobre sus intereses y necesidades y cuál es su área de especialización. Como profesional de marketing encargado de promocionar una marca en este espacio, es importante que usted la posicione como el lugar al que hay que acudir para buscar información sobre un tema (por ejemplo, carteras, palos de golf, preparación de declaraciones de impuestos, etc.).

Otra opción en su estrategia de contenido puede ser crear un wiki corporativo, es decir, una página web en colaboración que permita a los usuarios hacer aportes y editar el contenido incluido en ella. Wikipedia es probablemente el wiki más famoso, pero hay innumerables wikis en el espacio virtual que pueden ofrecer información única y valiosa. Si usted no sabe cómo iniciarlos, Wikifarms aloja una gran cantidad de wikis y ofrece herramientas para ayudar a los usuarios a crearlos. Cada vez más empresas están creando wikis para facilitar la interacción entre los propios consumidores y entre los consumidores y la empresa (por ejemplo, Wetpaint y Wikia).

En cuanto a los videos, en el pasado YouTube era el lugar donde era posible encontrar el UGC más extraño o eccéntrico, pero ahora se ha expandido para incluir contenido prémium, ya que frente al acecho permanente de la competencia se propone ser el lugar definitivo donde encontrar todo tipo de video. Por lo tanto, es un lugar donde usted también debería estar, si es posible. Hablaremos más a fondo del uso que su empresa puede hacer del video en el capítulo 16.

En definitiva, su objetivo debe ser producir o recopilar un contenido atractivo como núcleo de una estrategia en línea exitosa. Diseñe un lugar de intercambio de ideas, y si el contenido es bueno, los consumidores lo compartirán. Por eso, es importante facilitar por medio de complementos ("*plug-ins*") con que los usuarios marquen su contenido como favorito, ofreciendo en su página una variedad de aplicaciones mediante las cuales los consumidores puedan compartir el contenido de su marca —por ejemplo, herramientas de compartimiento como ShareThis, una aplicación del navegador Firefox.

Aunque el contenido siempre es rey, en línea el tráfico es emperador. Piense en ésto como en una suerte de "existencialismo virtual": si nadie sabe que usted está allí, usted no existe. Evalúe con cuidado la distribución de su contenido y el potencial de su empresa para captar su cuota de público. Mientras que las empresas que producen bienes de consumo sólamente pueden comprar un espacio de exhibición limitado en las las tiendas de venta al detalle, en la Web el espacio de exhibición no tiene límites. Entonces, observe el tráfico con otra óptica: será una obstrucción si impide que su automóvil circule por la autopista, pero ese mismo tráfico es lo único que conduce a su paradero si su sitio está estacionado en medio de la Web.

Su estrategia debe basarse en las "tres C": contenido, comunidad y comercio. El *contenido* atraerá a los visitantes a sus sitios virtuales mediante información relevante, actualizada y convincente. Una vez que los usuarios entren por el contenido, debe optimizar su oportunidad creando inmediatamente un sentimiento de *comunidad*. Tendrá que captar a los visitantes, retener su interés y darles razones para mantenerse activos, para explorar más y para regresar a la comunidad que usted ha creado. Por último, tendrá que prestar atención al *comercio* desarrollando maneras de transformar las visitas en dinero (por ejemplo, a través de ingresos por publicidad, cuotas de suscripción, comercio electrónico y generación de oportunidades de negocios).

Esto debe incluir también su estrategia de subdominios (por ejemplo, con la SEO, en buscadores como Google [earth.google. com], HowStuffWorks, CraigsList, etc.).

Es necesario que su nombre aparezca con más frecuencia que los de sus competidores en los resultados de búsqueda de Google. Para lograrlo, una estrategia sensata es abrir varios sitios vinculados a su empresa y establecer enlaces entre ellos. Por ejemplo, arme una página corporativa en Wikipedia y otra en AboutUs.org, y asegúrese de que ambas tengan abundantes enlaces a sus demás sitios. Explore la posibilidad de establecer perfiles en varias redes sociales como Facebook, MySpace, LinkedIn y Yahoo; y con herramientas como Squidoo, por ejemplo, puede también posicionar a su empresa como experta por medio de artículos.

No importa qué nivel de contenido produzca, usted tiene que apalancarlo. Su mantra debe ser, *"Crearlo una vez. Publicarlo en varios espacios y en diversos medios".*

Su estrategia para la difusión del contenido debe movilizarse en línea y fuera de línea, a fin de aumentar su eficacia mediante la sindicación de contenido y, en última instancia, el consumo en los medios. Así que probablemente incluirá blogs, podcasts, archivos de audio MP3, copia física en CD-ROM, distribución por RSS, libros electrónicos, libros impresos y seminarios (fíjese que hemos mezclado formas de distribución virtual y física). Para que quede claro: los especialistas en marketing no deben enfocarse en cómo les gusta a *ellos* consumir el contenido, sino en cómo *sus públicos* querrán consumirlo. Esto involucra poner su contenido a disposición en muchos formatos distintos para satisfacer las preferencias de todos los potenciales consumidores en todos los medios. Si usted no satisface estas necesidades, perderá oportunidades. Crée contenido para los lectores (por ejemplo, libros —tanto físicos como electrónicos— y blogs); para los que prefieren escuchar porque les facilita emprender varias tareas simultáneas (podcasts, CD); para los espectadores (video); para los que prefieren la participación directa (eventos presenciales) y aquellos a quienes les gusta interactuar (narración digital generada por los usuarios).

Vale la pena prestar atención a la identificación de grupos de consumidores basada en los niveles de participación que ha propuesto Forrester Research. En ella se distinguen los *creadores*, que publican y suben contenido; los *críticos*, que publican comentarios y evaluaciones y editan wikis; los *colectores*, que reúnen URL y etiquetas y votan en sitios de marcadores sociales; los *miembros de grupos*, que mantienen perfiles y participan en redes sociales; los *espectadores*, que consumen lo que producen otros; y los *inactivos*, que están en línea pero no participan.[1]

Lo atractivo de los sitios "triple C" es que mezclan contenido, comunidad y comercio creando así una experiencia irresistible para el usuario. Hoy en día, la mayoría de los sitios emplean esta estrategia, al menos hasta cierto grado. Los usuarios pueden comunicarse entre sí mediante la funcionalidad de los medios sociales y pueden decidir por sí mismos qué contenidos prefieren consumir. Pueden crear su propio contenido (por ejemplo, evaluaciones, reseñas, recomendaciones, otros comentarios, videos o fotos) o participar en el comercio relacionado con el contexto de la comunidad en que están participando.

El objetivo de la triple C es sencillo. Si usted va a gastar los recursos necesarios para atraer visitantes a su sitio, debe crear una experiencia positiva para el usuario/cliente y mantenerlo captado. Esto a su vez incrementará sus oportunidades de generar ingresos y animará a los usuarios a regresar por más y a comentar su experiencia a otros. Empiece la conversación donde su público ya comparte información e influye en sus pares dentro de un grupo. Esto involucra una serie de pasos. Primero localice al pez: nade en el estanque con los peces que usted necesita reunir, o reúna usted

---

[1] Forrester's North American Social Technographics Survey, Q2 2007.

mismo "estanques" de consumidores. Después, haga que los peces sigan nadando (por ejemplo, ábrase a aplicaciones de terceros o a la funcionalidad de otras personas —*other people's functionality* u OPF— como Facebook); revuelva las aguas (por ejemplo, agregue permanentemente "contenido señalado" invitando a los usuarios a participar comentando, evaluando y creando). Finalmente, deje que los peces atraigan más peces: aumente la red de manera viral para incrementar el inventario de recursos publicitarios y con él, las oportunidades de generar ingresos.

Es importante recordar que el consumo y la creación de medios están ahora en manos del consumidor. La web y otras tecnologías (como los dispositivos inalámbricos) permiten a los usuarios elegir y rodearse del contenido que prefieren. Por lo tanto, su tarea como experto en marketing es retener a los usuarios facilitando la "personalización de la experiencia", mediante recursos tales como páginas de inicio que incluyen widgets (como Netvibes o iGoogle), dispositivos para el entorno de pantalla, o apelando a sus tímpanos (listas de música).

Busque aquellas formas de consumo de contenido que ya están presentes en el arsenal de su empresa pero que no ofrecen interactividad y personalización (por ejemplo, los medios tradicionales como la televisión, revistas o radio, e incluso otros tipos de páginas web en formato Web 1.0), y reemplácelos por componentes de Web 2.0.

Puede utilizar como "contenido señalado" cualquier noticia, ya sea desarrollada en texto, fotos o videos —y éstos deben ser elementos basados en hechos y datos, no piezas editoriales—, empleada para fomentar y alimentar discusiones en sitios sociales y para generar comentarios de los usuarios. El contenido referido a entretenimiento, así como las noticias y los chismes sobre celebridades, son otras maneras eficaces de iniciar conversaciones, y también el contenido político. Este suele ser controvertido por naturaleza y por eso ofrece un buen punto de partida para un debate animado.

Los medios sociales permiten a los usuarios descubrir, explorar y llegar a la verdad (por ejemplo, mediante evaluaciones, recomendaciones o artículos relacionados). Es en este entorno donde la colaboración entre los medios tradicionales (que ofrecen hechos) y los bloggers (que ofrecen una mezcla de hechos y opiniones) se vuelve crucial, porque los consumidores necesitan rellenar "la verdad" y así llenar los huecos. La "sabiduría de la multitud" está en plena vigencia en el mundo de Web 2.0. Ya no basta con confiar en una única fuente (especialmente si esa fuente es el anunciante). Más bien, hay fuerza (credibilidad) en los números. Se utiliza esta "multitud", entonces, para crear y organizar el contenido (por ejemplo, mediante agregadores de favoritos sociales como Delicious y Digg).

Usted también deberá elegir el modelo de negocio virtual que mejor convenga a su objetivo y moverse más allá del modelo publicitario (Google, portales, periódicos). Algunos modelos eficaces que debe tomar en cuenta son la suscripción (por ejemplo, al *Wall Street Journal* en línea, a proveedores de servicios de aplicaciones como Salesforce.com); el modelo de comercio electrónico (para comprar y vender productos); el modelo de afiliación (para vender los productos de otros); y el modelo de generación de oportunidades (vender oportunidades). Si usted está a cargo del marketing a través de los medios sociales, debe mantenerse atento a la diversificación más allá del modelo estrictamente publicitario.

Otras dos C fundamentales en la creación del contenido son la claridad y la credibilidad. Claridad significa eliminar el desórden, dejar suficiente espacio en blanco, ofrecer una navegación sencilla y poder contestar rápidamente la pregunta más importante para el cliente: "¿Qué gano con esto?" La credibilidad se construye sobre la base de una apariencia profesional, evitando el software gratuito que viene con los anuncios, incluyendo "sellos de confianza", íconos con enlaces a otros sitios que produzcan un efecto halo (tomando prestada la credibilidad de clientes o proveedores asociados) e incluyendo en un lugar destacado los logotipos de sus clientes si usted es proveedor de servicios.

A partir de las investigaciones de Google sobre el recorrido en la pantalla de los ojos de los usuarios de la Web, sabemos que la gente tiende a mirar un nuevo sitio web de cierta manera, en general buscando menús de navegación primero en el lado izquierdo, de arriba hacia abajo. Este tipo de información puede ayudar en el momento de diseñar una página de aterrizaje optimizada. No concentre recursos en adquirir tráfico sin dedicar tiempo a captar atención y convertir a los curiosos en compradores. Comience con un buen diseño básico, pero no permita que nadie salvo los clientes —ni siquiera su equipo profesional de diseño de sitios web— le diga cómo debe verse finalmente el sitio. Póngalo a prueba mediante un sistema de "mejora constante y permanente" (*Constant And Never-Ending Improvement*, o CANI) para maximizar las conversiones. Pruebe versiones del sitio radicalmente distintas y refínelas luego a partir de los resultados reiterados.

También debe recopilar contenido a través de sitios de nicho, o a través de canales de nicho dentro de esos sitios. Digámoslo nuevamente: su objetivo es posicionar su marca como el sitio definitivo al que recurrir. Luche contra la fragmentación mediática ofreciendo opciones a los consumidores y eliminando la necesidad de acudir a otro lugar. La mayoría de la gente no va a recordar la URL de su sitio ni se tomará el tiempo para teclearla. Pero quizás lo descubran desde el contenido que usted haya incrustado en un widget que contiene un enlace a su sitio. La tecnología RSS hace posible la sindicación de sus "titulares", que también contienen enlaces a su sitio.

Con este objetivo en mente, podría ser aconsejable contratar los servicios de un "curador" o sindicador de contenido como manera de incrementar la cantidad de recursos. Los sindicadores reúnen contenido comprando licencias de uso a proveedores de contenido (por ejemplo, Associated Press, Getty Images, periódicos, revistas, compañías de teledifusión y radiodifusión). En general utilizan modelos de pago o reventa o de ingresos publicitarios compartidos. De esta manera quienes publican en Internet pueden obtener fuentes web o fragmentos de noticias, imágenes o videos relacionados con los temas de su sitio. Algunos agregadores de contenido son Daylife, Mochila, ClipSyndicate, JamboTV y Voxant.

En un marco de medios sociales, las marcas impulsadas por el contenido tendrán éxito. Y por su puesto, su obetivo es que su marca sea una de ellas.

12

¿Quiere cazar mariposas sociales? Busque la red adecuada

¿Y DÓNDE ESTÁ ENTONCES su público? ¿Sale a pasear cada tarde por el parque, sin llevar siquiera su celular? ¿Son amantes de la tecnología que nunca salen de su casa sin su iPhone o su BlackBerry y llevan el best-seller del momento cargado en su lector portátil inalámbrico? Esta es una pregunta importante que muchos se olvidan de hacer.

Hay varias maneras de determinar si su público será receptivo a sus acercamientos a través de los medios sociales. De hecho, datos demográficos como la edad, la etnicidad y el género son buenos criterios, pero nunca deberían ser el único motor que impulse su campaña.

Hablamos anteriormente de la importancia de ofrecer un contenido fuerte a través de formas de redifusión, y aquí hablaremos de algunas de las herramientas básicas que usted podrá considerar a partir del estudio inicial de su base de clientes. Para tener una idea de por qué estos puntos de distribución son importantes, tenga en mente que su objetivo nunca debería ser la táctica de medios sociales *per se*. Por ejemplo, reunir a 50.000 usuarios en una cuenta de Flickr sin saber para qué es lo mismo que convocar a un encuentro a dignatarios importantes, lograr milagrosamente que todos acudan a su evento y después darse cuenta de que no había pensado qué hacer con ellos una vez reunidos.

El comercio al por menor muestra el valor de algunas de las herramientas que usted debería considerar. De hecho, muchos comerciantes minoristas utilizan los medios sociales para captar a clientes con profundidad y permanencia, en áreas tales como servicio al cliente (Zappos), ideas para nuevos productos (el blog *"My Starbucks Idea"* ["Mi idea Starbucks"]) y reseñas de productos (Target, Wal-Mart).

Recuerde que lo que ocurre en línea no permanece solo allí, y éste es precisamente el objetivo. Los esfuerzos de marketing en el ámbito de los medios sociales se basan en convertir a los consumidores de información en promotores de la marca a través de todos los canales mediáticos.

Tomemos como ejemplo el comercio al por menor. Sabemos que las tiendas físicas tradicionales siguen dominando el mercado, pero las influencias que motivan a los consumidores a ir de compras en forma física y no virtual —y que los mantienen captados y los hacen regresar a las tiendas— pueden atribuirse a las actividades dentro del espacio de los medios sociales.

Según un artículo de la Nielsen Company (Swedowsky, 2009), 3,5% de las operaciones de compraventa se llevan a cabo de manera virtual.[1] Este porcentaje representó US$ 30.000 millones en el primer trimestre de 2009, un aumento en relación con el cuarto

---

[1] Maya Swedowsky, "Consumers Rush the Web Early for Black Friday Deals," (Nielson Wire, 25 de noviembre de 2009). http://blog.nielsen.com/nielsenwire/consumer/consumers-rush-the-web-early-for-black-friday-deals/

trimestre de 2008 cuando el monto llegó a US$ 5.000 millones. Este dato llevó a los expertos en comercio minorista a concluir que las actividades en línea influyen en el comportamiento fuera de línea. Recordemos el ejemplo de la campaña de Obama: los voluntarios recibieron mensajes de texto y correos electrónicos personalizados que a su vez impulsaron una movilización activa en la comunidad. Ese es exáctamente el efecto que como expertos en marketing queremos lograr.

Aunque nunca es fácil comprobar que existe una causalidad directa, la investigación indica incrementos sustanciales en las actividades en línea en todos los sectores, lo que se puede relacionar con las actividades fuera de línea. Por ejemplo, en general los sitios de medios sociales se están volviendo algo más habitual y aceptado. Se publica UGC en la Web 2.0 en forma constante, 24 horas al día, los 7 días de la semana. Durante este último año, el tráfico en Facebook, Twitter y LinkedIn ha aumentado enormemente. Y esto se debe no sólo a que la gente está visitando estas redes sociales, sino a que está pasando más tiempo que nunca ahí.

La promoción entre pares está en pleno auge. Ahora, en vez de pedir a su núcleo familiar y de amigos sus opiniones sobre un producto que están considerando, los consumidores pueden recibirlas por parte de miles de otros consumidores, junto con sus experiencias y consejos. Y esto resulta mucho más potente de lo que se puede esperar de cualquier aviso publicitario. En la actualidad, además de encuestas formales, grupos focales y sondeos de votantes, las empresas pueden escuchar conversaciones espontáneas entre pares y así lograr una visión más directa e imparcial de lo que los consumidores sienten acerca de marcas, productos o servicios particulares.

A menudo se nos pregunta si "escuchar" lo que los medios sociales "dicen" debería reemplazar todas las demás formas en que se obtienen comentarios de los clientes. La respuesta es un rotundo NO. Los medios sociales deben servir de complemento para validar o refutar los resultados de las encuestas y los grupos de enfoque tradicionales. Las tácticas de medios sociales lo ayudarán a esbozar un retrato en constantemente actualizado y en tiempo real de su marca: qué sienten los consumidores respecto a ella, si es que piensan en ella del todo. Además, los medios sociales permiten identificar problemas potenciales de servicios al cliente antes de que se vuelvan difíciles de manejar. Y por último, pueden ayudar a las empresas a monitorear su reputación para detectar temas potencialmente problemáticos e identificar oportunidades de posicionar mejor la marca.

VOLVERSE SOCIAL

Los servicios de redes sociales —Facebook y MySpace son dos de los más conocidos, aunque según la región donde usted viva, puede tener también hi5, Bebo, Orkut o Sonico— son sitios web que permiten que los usuarios en línea se conecten y compartan información con otros usuarios en línea. Cada vez, más y más empresas están sacando provecho de las redes sociales para promocionar sus marcas y servicios y para conectarse con clientes efectivos y potenciales. Otros sitios de redes sociales de formato "hágalo usted mismo" (DIY) son KickApps y Ning.

En enero de 2009, el Pew Internet and American Life Project (el "Proyecto Pew de Internet y la vida americana") presentó las siguientes estadísticas:[2]

---

[2] Sydney Jones & Susannah Fox, "Pew Internet Project Demo," (28 de enero de 2009). http://pewinternet.com/

• El porcentaje de usuarios adultos de Internet que mantienen un perfil en una red social en línea creció de 8% en 2005 a 35% en 2009.

• 75% de los adultos entre 18 y 24 años tienen por lo menos un perfil en una red social, versus el 7% de los adultos de 65 años o más.

• En todos los grupos generacionales, las redes sociales se usan más a menudo para propósitos personales que profesionales.

• Adultos y jóvenes utilizan los sitios de redes sociales para conectarse con personas que ya conocen.

FACEBOOK, ALGO MÁS QUE UNA CARA BONITA

Hablando de personas que buscan a otras personas que ya conocen, comenzaremos por Facebook. Y mirando bien los datos, empezamos a comprender por qué Facebook sigue atrayendo a los usuarios a un ritmo desenfrenado. Facebook fue lanzado por estudiantes de Computación de Harvard en 2003 y en menos de un mes, la mitad de los alumnos de grado se había inscrito en el servicio. En 2009, Facebook afirmó tener más de 60 millones de miembros activos y haber recibido un promedio de 250.000 nuevas inscripciones por día desde el comienzo de 2007. Más de la mitad de los usuarios ingresan todos los días, generando así más de 65.000 millones de vistas de página por mes. El sitio de Facebook afirma cubrir una cuota de mercado de 85% en las carreras universitarias de grado y, a partir del junio de 2008, registra un aumento del número de visitantes del 152% anual (contra el 3% en el caso de MySpace).

Los negocios sacan provecho de la densidad de población en Facebook creando sus propias páginas diseñadas para atraer a sus sitios el tráfico ya existente. Por ejemplo, Visa saca buen partido de Facebook a través de su "Red de Negocios Visa" ("*The Visa Business Network*"), que está diseñada para conectar entre sí a dueños de empresas pequeñas y para ayudarlos a promocionar sus actividades entre la comunidad en general. Burger King obtuvo un poco de mala fama cuando lanzó en Facebook su promoción "Sacrificio whopper" ("*Whopper sacrifice*"). En ella instaba a los usuarios a borrar a 10 amigos de sus listas a cambio de un cupón por un Whopper gratuito. Muy pronto se inscribieron unos 20.000 usuarios, pero la promoción se canceló poco después a causa de problemas relacionados con la violación de privacidad.

El objetivo de los medios sociales para los negocios es ayudar a las empresas a posicionarse para que los núcleos principales de consumidores las descubran. Esto se puede lograr mediante blogs, redes de medios sociales y estrategias de SEO. El problema para muchas empresas es que se limitan a contar el número de fans que han logrado en Facebook o los seguidores en Twitter y creen que éso es suficiente para considerar que la operación fue "un éxito".

En realidad, el paso siguiente para una empresa, una vez que los clientes efectivos o potenciales la han descubierto es captarlos estableciendo conexiones a través de Facebook, la página web corporativa, una página de aterrizaje o correo electrónico, para así convertir a los que han llegado por casualidad en contactos, clientes y eventualmente en ventas. Sólo así es que se llega a la conclusión que los esfuerzos de marketing en los medios sociales han sido exitosos en una medida cuantificable. Y habrá que analizar los resultados de manera contínua y a la luz de los objetivos corporativos, de los de sus competidores y de la evolución de las tendencias de consumo.

Facebook puede otorgar a las empresas pequeñas una manera rentable de posicionarse y alcanzar a grupos meta con un alto rendimiento potencial. Como todo lo demás cuando se trata de los medios sociales, el éxito no se basa necesariamente en la cantidad. La mayoría de las páginas de Facebook tienen menos de 500 fans.

Si su empresa es nueva en Facebook, tendrá que establecer una cuenta corporativa y armar un perfil completo. Nada le delata la inseguridad más rápido al consumidor que un perfil incompleto. En lo que respecta a las políticas de Facebook para cuentas corporativas, el mejor consejo es leerlas con cuidado para contar con la información más actualizada y así evitar cualquier falla técnica que se deba sencillamente a no haber comprendido las reglas de Facebook.

Evalúe con cuidado si las actualizaciones de la cuenta de Facebook se difundirán a través de la cuenta corporativa de Twitter o viceversa (por lo general, se prefiere la primera opción, ya que puede resultar molesto que entren tweets de manera constante en la plataforma de Facebook). Como ya hemos recomendado cuando se trata de configurar cualquier cuenta corporativa de medios sociales, asegúrese de que solo sea visible la parte del perfil corporativo que usted desea que el público vea.

Si va a poner en la vidriera a un individuo —o si la marca *es* un individuo—, elija la foto que sea la más alineada con la imagen general de la marca. Por ejemplo, ¿los consumidores perciben su marca como relajada e informal? Entonces mejor descarte la foto del CEO vestido de traje y corbata y elija en su lugar la foto tomada en el picnic anual de la empresa. Si no tiene exactamente lo que necesita para que los líderes de la empresa luzcan acordes con la marca, vale la pena pagar el precio de una sesión de fotografía para lograr la imagen precisa. En el mejor de los casos, esta imagen se utilizará en múltiples espacios, así que sacará mucho partido de ella.

Si hay información de interés perpetuo a la que usted quiere que todos los usuarios tengan acceso, no olvide incluir como contenido integrado en el perfil corporativo enlaces a su sitio web principal, a ofertas de productos o a invitaciones para muestras gratuitas.

Aunque obviamente es esencial poner en condiciones su propia presencia en Facebook, haga también el esfuerzo de "conocer a los vecinos". Unase a grupos de interés y profesionales, publique comentarios en sus muros y ofrezca información valiosa.

Promocione su presencia en Facebook en todos los materiales publicitarios que produzca, desde sus tarjetas de presentación o la firma de su correo electrónico hasta folletos, catálogos, artículos promocionales, clips de videos y, por supuesto, su(s) página(s) web principal(es). La meta es siempre ofrecerle al público maneras adicionales de interactuar con su marca.

Muchas empresas llevan a cabo muy buen trabajo al establecer su presencia en Facebook, pero luego se quedan cortas en cuanto a qué ofrecer como contenido contínuo. Este es un aspecto que hay que pensar bien antes de establecer su perfil. La clave es el valor percibido. Publicar enlaces al video de un congreso al que su empresa asistió, actualizaciones sobre el desarrollo de un nuevo producto o actividades interesantes de la empresa son todas buenas opciones. Lo más importante es mantener el interés de los clientes efectivos y potenciales y animarlos a regresar.

Otra forma de captación es lanzar descuentos u ofertas especiales única y exclusivamente a través de Facebook, o demostrar un sentido de comunidad invitando a expertos de su sector de actividad a compartir contenido por medio de un artículo y contestar las preguntas de los consumidores de manera oportuna y demostrar así una voluntad de responder y forjar relaciones. Investigue a los que se hayan hecho fans o amigos y determine si sus amigos o fans pueden también tener algún interés para usted. Asimismo, manténgase al tanto de las actividades de sus competidores en Facebook para ver qué tipo de fans los siguen, y cómo puede captar también a esas personas.

Si usted tiene datos sobre su sector que puede compartir legalmente, ésa puede ser una forma eficaz de ofrecer a los consumidores una mirada "desde adentro" de un tema que les interese. Busque también forjar conexiones como facilitador. Por ejemplo, si alguien le pide una solución y su empresa no la ofrece, pero usted puede conectar a ese cliente potencial con un colega que lo puede ayudar, éso se convierte en una ganancia para su marca.

Si bien establecer una presencia en Facebook no incurre costos para la empresa, es probable que usted también quiera incluir los avisos sociales de Facebook (que sí cuestan dinero) en su repertorio, para lograr un acercamiento mejor enfocado. El principio básico tras los avisos en Facebook, disponibles solo desde 2007, es que se dirigen a aquellas personas para las que pueden tener mayor relevancia e interés. Luego, pasan a la red de amigos de esas personas para los que también puedan tener relevancia e interés, con el beneficio adicional de que a estos últimos les llega de alguna forma "aprobado" por un par. En esencia, Facebook utiliza un algoritmo que convierte a los usuarios de Facebook en aliados de marketing "enfocados con la precisión del láser", que a su vez entregan a sus amigos más cercanos el mensaje que usted les envía.

Tenga en mente que la gente se congrega en Facebook no para conocer a gente nueva, sino para volver a conectarse con personas que ya conocen y para ver lo que hacen sus amigos y lo que les gusta. Por lo tanto, las recomendaciones que aparecen en la página de un amigo se convierten en una venta por persuasión mediada por un par. La esperanza de los publicistas es que esto se traduzca en rendimientos positivos.

Si usted está considerando utilizar Facebook para la imagen de la marca de su empresa, tendrá que crear no solo una cuenta corporativa, sino también un grupo o una página de fans —probablemente ambas cosas—, ya que cada uno ofrece ventajas diferentes. Las páginas de fans tienen la ventaja de ser visibles incluso para quienes no están inscritos en Facebook, pero su mayor ventaja es que logran que su empresa esté indizada para un posicionamiento óptimo en los motores de búsqueda. Algunas páginas de fans que han logrado gran éxito son las de Adidas, Red Bull y Pringles.

Por otro lado, crear un grupo permite el envío de mensajes masivos (invitaciones, ofertas especiales). Las páginas de fans y el grupo comparten muchos rasgos en común, ya que permiten auspiciar debates, enviar mensajes a todos los miembros y manejar intercambios de fotos y videos.

Para crear una página de fans, visite facebook.com/pages/create.php y siga los pasos para crear una nueva página. Para crear un grupo, visite facebook.com/groups/create.php y complete el formulario correspondiente al tipo de grupo que desee crear (por ejemplo, abierto o cerrado, como un grupo sólo para egresados de cierta escuela). Los grupos tienen un administrador que puede aprobar solicitantes o reclutar miembros exclusivamente por invitación.

Al fin y al cabo, los grupos son ideales para interacciones más específicas que involucran una causa o acción en particular, mientras que las páginas son mejores para aquellas marcas que desean crear una relación a largo plazo que no esté ligada a un administrador específico.

La experimentación sigue impulsando nuevas tendencias en el marketing con Facebook. Uno de estos experimentos vino de Resource Interactive, una agencia publicitaria de Columbus, Ohio, que decidió llevar el muro de Facebook a otro nivel con su plataforma "Off the Wall" ("Fuera del Muro", traducible más o menos como "Fuera del Tiesto" o, para recurrir al nuevo lingo del mundo del negocio, "Outside the Box"). Una tienda minorista de ropa femenina, The Limited, fue la primera empresa que experimentó con esta plataforma hacia finales de la temporada de ventas de 2009, cuando ofreció al público la oportunidad de comprar directamente en su muro de Facebook su bufanda "Infinity" —que se había visto sólo en el popular *talk show* de Oprah Winfrey— en forma tal que los consumidores podían hacer la compra sin tener que salir de la red social. Aún no se conoce cuál fue la reacción general de los consumidores hacia esta posibilidad (aunque Resource Interactive indicó que cumplió con las expectativas). En su modelo actual, Facebook no recibe ningún porcentaje de los ingresos por este tipo de transacción.

Mientras las empresas siguen luchando con estrategias de posicionamiento en una economía deprimida, podemos estar seguros de una cosa: aplicaciones de Facebook como la mencionada en el ejemplo anterior seguirán creciendo a lo largo de los próximos años en la medida en que las empresas sigan buscando estrategias rentables para conectarse con los consumidores y las herramientas de medios sociales sigan generalizándose a tasas altísimas de adopción.

EL PODER DEL PODCASTING

Otra forma potente de difundir contenido y forjar conexiones que no deberíamos pasar por alto es el podcasting. Nos ponemos un poco más técnicos y estratégicos en esta sección, en parte como ejercicio para comprender la gama de detalles que usted debe considerar a la hora de implementar algunos de los componentes básicos de los medios sociales.

El podcasting es una extensión de la manía por los Apple iPods de la primera década de 2000, y de ahí su nombre. Es una tecnología que permite a los usuarios bajar del portal de su elección música, noticias, programas especiales, seminarios y una mezcla verdaderamente heterogénea de otros géneros, mediante archivos de audio o video. Desde una computadora de escritorio o una portátil, o un reproductor de música portátil (MP3) como iPod u otro equipo digital compatible, los usuarios pueden escuchar o ver contenido disponible a su conveniencia de manera en diferida y el momento en que prefieran.

Esta tecnología también permite a los usuarios crear su propio podcast sobre cualquier tema con un presupuesto modesto y distribuirlo en forma digital prácticamente sin costos. Esto hace de los podcasts una elección atractiva para aquellas empresas que quieren difundir contenido por diferentes medios sin tener que gastar valiosos recursos. A causa de su accesibilidad dada la demanda y la conectividad directa, el podcasting, anteriormente relegado casi exclusivamente al uso individual, está ganando popularidad en el sector corporativo como un sistema viable para difundir información en el marketing estratégico, y también como un canal para comunicaciones corporativas internas y hacia el exterior, para la capacitación y otras aplicaciones útiles.

Estadísticas de eMarketer.com de enero de 2008 muestran que el total de consumidores de podcasts en EEUU sobrepasó los 18 millones en 2007. Las proyecciones indican que ese número podría cuadruplicarse para 2012. Datos de la misma fuente proyectan que los gastos de publicidad y auspicio de podcasts podrían trepar hasta los US$ 435 millones para 2012, un incremento enorme en comparación con los US$ 165 millones de 2007. Estos números demuestran que el valor de esta herramienta es verdaderamente real.

De hecho, datos como éstos son un testimonio de la creciente conciencia del medio y de las oportunidades que brinda de aumentar los ingresos. Pero sobre todo, sugieren un cambio de paradigma en el que Internet aparece cada vez más como fuente de abastecimiento para todo tipo de contenido: texto, audio y video.

La revista *Advertising Age* menciona empresas con una presencia global como Kraft Foods, Whirlpool, Johnson & Johnson y CIT Group (una empresa internacional de consultoría), como sólo algunas de las organizaciones que reconocen la creciente utilidad de tener podcasts integrados como un medio eficaz de dirigirse a nichos de mercado específicos, en formas que los medios masivos de comunicación no pueden lograr.

Tampoco se pueden negar las implicaciones financieras del podcasting. Para los productores de contenido, los podcasts significan un gran ahorro de tiempo frente al que necesita viajar para presentar un trabajo en persona, frente a frente, y también de dinero, en términos de alojamiento, tarifa aérea u otros gastos asociados con el viaje. De hecho, es posible confeccionar un podcast simple en formato audio desde la comodidad del propio espacio de trabajo, con la ayuda de algunas herramientas sencillas y fáciles de utilizar.

Los costos para desarrollar un podcast pueden variar entre unos cuantos cientos y varios miles de dólares, dependiendo del equipo (por ejemplo, audio, video o una combinación de ambos), el software, la escenografía y el personal requerido al nivel más alto de la escala de producción. Pero antes de comprar cualquier equipo o software o ir a contratar a unos actores profesionales, que resultan costosos, es importante empezar con algunos principios básicos de sentido común.

Insistiremos en el mantra que hemos venido repitiendo a lo largo de este libro: primero determine su objetivo. Antes que nada tiene que saber qué quiere hacer, desarrollar contenido bien escrito y de gran actualidad, y luego decidir dónde quiere distribuirlo y a quién.

Conocer a su público es un primer paso importantísimo. Puede obtener algunas percepciones claves investigando a partir de las siguientes preguntas:

- ¿Cuál es el grupo generacional o el perfil demográfico promedio de su público?

- ¿Cuál es el modo de vida o perfil psicográfico típico de su público?

- ¿Qué sabe o qué desconoce su público sobre su producto o servicio?

- ¿Cómo obtiene su público acceso a la información? O sea, ¿cuál es la vía principal de acceso del cliente a su marca: por Internet, televisión, radio u otro medio?

- ¿Cuál es el medio predilecto de su público para buscar información? O sea, ¿cuál es su escala "de mayor a menor uso"?

Las respuestas que obtenga pueden ayudarlo a conectarse mejor con su público meta, y del mismo modo también podrían suministrarle información importante sobre el valor de los podcasts como medio adecuado para lograr sus objetivos de marketing. Suponiendo que ésa sea la mejor decisión, he aquí los próximos pasos para planificar un podcast eficaz:

- Elija un tema de interés para el grupo meta.

- Determine una preferencia estilística (noticias del sector, información sobre el producto, información para los consumidores, información entre empresas, una combinación de estos estilos, etc.).

- Elija un formato para la presentación (audio, video o ambos).

- Determine si tiene personal capacitado y quiere usarlo para emitir el mensaje, o si prefiere —y tiene el presupuesto para— contratar personal externo profesional.

- Determine si habrá varias personas que participen en el podcast o si sólo habrá una persona.

• Decida la extensión del programa (revise los podcasts de sus competidores o algunos de los mejores podcasts en Podcast Alley para establecer un punto de referencia).

• Decida con qué frecuencia se va a presentar su programa (diario, semanal, mensual, trimestral, etc.).

• Desarrolle y escriba un guión sólido que refleje toda la información necesaria para el podcast. Recuerde: el guión es el proyecto para la producción final del podcast.

Una vez que haya considerado estos factores, determine su nivel de compromiso a largo plazo y un presupuesto factible. Obviamente va a necesitar la forma de grabar y producir el podcast, así que el próximo paso será el equipo requerido.

Se puede producir un podcast utilizando una PC que opere con Windows XP y que tenga al menos 500 megabytes (Mb) de RAM, o una MAC que opere con OS 9, OS-X o alguna versión más actual y que tenga 500 o más Mb de RAM.

En cualquiera de estas plataformas, necesitará también más de 3 gigabytes (Gb) de espacio en el disco duro, tomas de entrada/salida o de micrófono/auriculares y una placa de sonido o audio (circuitos de microchip que conectan con un software que facilita también la entrada y salida de señales de audio).

Otro punto importante es determinar qué formato o presentación tendrá su podcast. En otras palabras ¿será mejor difundir la información a través de audio o en forma visual? Luego, tendrá que decidir también cómo se distribuirán los podcasts. Por ejemplo, ¿estarán disponibles en su sitio? ¿Los colocará en iTunes? ¿Buscará la más amplia difusión posible? ¿Podrán descargarse gratis o se venderán?

Deje que su propio producto o servicio lo ayude a decidirse por el audio o el video: si es algo visualmente interesante o que se puede demostrar fácilmente, entonces el formato en video debe ser la opción principal. Pero aquellos productos o servicios en los que prevalece la información por sobre el atractivo visual probablemente se ajusten mejor al formato de audio.

Más alla de la decisión de utilizar audio o video, necesitará un buen micrófono direccional (es decir, uno que, colocado delante del locutor, capta solo el sonido que éste produce). En comparación con los omnidireccionales, los de condensador o los dinámicos, los micrófonos direccionales son normalmente una buena elección ya que es menos probable que capten sonido ambiente superfluo.

La revista *Macworld* y las páginas recordingmagazine.com y wize.com son buenos lugares para encontrar reseñas sobre una variedad de micrófonos y equipos relacionados, pero sería más provechoso y pragmático que usted visite su tienda local de productos de audio para probar por sí mismo algunos de los micrófonos y pedir consejo a los profesionales (que suelen trabajar en estas tiendas) sobre el micrófono más adecuado para sus necesidades y su presupuesto. Prevea gastar entre US$ 150 y US$ 1.000.

Y ya que está en éso, prevea gastar unos cuantos dólares más en lo que se conoce como un filtro "anti-pop". Se trata de una criba de malla que se pone delante del micrófono, o una bola de espuma que lo cubre, y que minimiza los sonidos molestos de la respiración y de las consonantes fuertes como la "P" al comienzo de una palabra.

Normalmente, las PC y las Mac ya traen cargado un programa básico y fácil de usar para editar archivos de audio. Pero si a usted no le gusta el software incluído, Audacity es otro programa gratuito que se puede bajar de la web y es compatible con Microsoft Windows, Mac OS-X y otros sistemas operativos. Si en cambio está dispuesto a gastar entre US$ 200 y US$ 1.000, puede conseguir software de Adobe, Sony, Steinberg o DigiDesign (el productor de Pro Tools), entre otros, que ofrece la posibilidad de editar audio en múltiples pistas, con lo que puede lograr un sonido más pulido y profesional para su podcast.

Quienes deséen incluir en sus podcasts a varios participantes situados en diferentes lugares pueden utilizar una aplicación llamada Skype, que permite llamadas telefónicas a través de la web. Otra aplicación, Pamela para Skype (www.pamela.biz), fue diseñada para interactuar con Skype para manejar varias llamadas a la vez; en conjunto, los dos programas ofrecen una herramienta atractiva para crear podcasts con múltiples participantes.

Aún así, a pesar de todas las opciones de Skype, existe una desventaja: a menudo, el volúmen de las distintas voces tiende a ser diferente, y una o dos voces se destacan por sobre las demás. Una solución, mencionada en sitepoint.com, es que los participantes graben su audio en forma independiente y luego se compaginen todos los segmentos en postproducción. Para los que producen podcasts grupales con cierta frecuencia, definitivamente vale la pena considerar esta opción, porque permitirá establecer un estándar de calidad consistente entre todos los episodios.

Otro consejo útil para la grabación: la separación estéreo (o grabación en dos canales) puede ofrecer un sonido más balanceado y permitir una mejor distinción entre múltiples voces. Pero a su vez, el formato estéreo produce un archivo significativamente más pesado que el formato mono (grabación en un solo canal). Eso implica casi el doble de espacio en el disco duro, sin mencionar los mayores gastos de producción y publicación. Evalúe bien su presupuesto y a su público antes de llegar a una decisión final.

Una vez captado el sonido, deberá comprimirlo y normalizar todos los elementos antes de exportar el archivo del podcast final al formato MP3. En pocas palabras, el proceso de compresión, que habitualmente está incluído en la mayoría de las aplicaciones de software, nivela los sonidos fuertes y los alinea con los más bajos. La normalización refuerza el audio comprimido para maximizar la capacidad de los parlantes y le da al oyente un espectro completo de sonido.

Es posible que durante el proceso de edición usted se tope con la expresión "tasa de bits". En esencia, se refiere a la tasa a la que se importa una muestra de audio: cuanto mayor la tasa de bits, mejor calidad tendrá. Un audio de 16 bits es un formato típico para un archivo MP3. Por lo general, es una buena idea pasar el archivo en audio a una tasa de 24 bits para tener mejor calidad durante el proceso de edición y después devolverlo al formato de 16 bits para exportarlo a MP3. Si su podcast consiste mayormente en voces, alcanzará una tasa de bits de entre 64 a 96 kbps. Si va a incluir música, incluso se puede lograr una buena calidad de sonido con tasas de bits en el rango de 128 a 192 kbps.

En cuanto al video, usted puede grabar las imágenes crudas para el podcast utilizando cualquier cámara de precio módico y buena calidad, y después editarlas con Windows Movie Maker (en una PC) o iMovie (en una Mac), programas que normalmente vienen ya instalados con otro software cuando se compran las computadoras. Otros programas de más envergadura, como Adobe Premiere, CyberLink y Final Cut Pro, son sólo algunas de las muchas aplicaciones profesionales de edición de video que pueden darle un resultado más pulido a su presentación final. El costo de estos programas puede oscilar entre US$ 500 y US$ 1.500.

La tecnología de podcasting combinada con la RSS permite incluso a cualquier persona que no esté necesariamente capacitada en el uso de tecnología recibir, crear o enviar el contenido de audio o video que desée y publicarlo en Internet con facilidad. En cuanto a distribución de podcasts, la mejor forma de describir la RSS es como un medio por el cual la información de varios sitios web se consolida en un único sitio, mediante el uso de agregadores de información (por ejemplo, empresas de Internet que recogen y distribuyen podcasts, música e información en un único sitio web). iTunes, Juice, iPodderX, Doppler, Podcast Ally, AOL Explorer, Internet Explorer, Libsyn, Podbean.com y Podango son solamente algunos de los muchos posibles sitios de distribución o hosting. Es posible inscribirse en tantos de estos sitios como uno quiera, a menudo gratis o por una tarifa insignificante.

En cuanto haya decidido qué modos de distribución utilizará, puede subir el archivo MP3 al sitio de distribución o crear una página web separada donde alojarlo. Después, desarrolle un sistema de blog mediante el cual el público que se tope por casualidad con su podcast pueda compartir sus opiniones y aportar sugerencias que a menudo resultan valiosas. WordPress, el complemento de Podcasting, y Blubrry PowerPress son plataformas de blog muy socorridas para resultados bien óptimos.

Puede ser difícil medir el rendimiento del capital invertido en su podcast en las llamadas condiciones ordinarias de mercado. Lo que sí se puede medir a menudo es el grado en que un podcast genera un incremento de tráfico en la web, "zumbido" en la prensa y reacción entre los clientes.

Podworx.com cita el podcasting como una forma de "humanizar" la empresa a través de la voz y de establecer de manera sutil una conciencia de marca y una imagen corporativa de un modo que resulta imposible para un sitio web sin podcasts. Por ejemplo, en un podcast en Podworx.com se presenta a Whirlpool USA como una empresa que utiliza la tecnología de podcasts como una herramienta eficaz de desarrollo de la marca. Mediante su podcast titulado *"American Family"* ("Familia americana"), ofrece claves para vivir de manera más sencilla, pero nunca menciona productos o servicios.

Whirlpool USA es sólo un ejemplo de las muchas empresas de todo tamaño pertenecientes a los sectores de negocios, entretenimiento, cuidado de la salud, comunicación y prácticamente todos los demás que han descubierto en la tecnología de podcasts un sistema de difusión de información viable y potencialmente lucrativo. Los podcasts ofrecen un modo de impulsar el tráfico en la web, y esto a su vez incrementa la exposición y por extensión puede derivar en un crecimiento de ingresos.

Los medios de tele- y radiodifusión abiertos y por cable son un buen ejemplo. Supongamos que usted perdió una parte de una noticia o un programa sumamente importante en la radio o la televisión porque tuvo que salir corriendo para el trabajo, o que a lo mejor se lo perdió completo. Puede visitar el sitio web de la estación o la red televisiva y es bastante probable que encuentre un menú completo de podcasts: la noticia que usted perdió más una variedad de otras, listas para bajar y escuchar a su conveniencia.

En cuanto a la radio, un informe reciente de eMarketer, *"Internet Radio Makes Waves"* ("La radio en Internet hace olas"), señala que la migración a Internet como vía de acceso a la información ha resultado en una caída de dos cifras en los gastos por anuncios publicitarios tradicionales en la radio solamente en

2009: US$ 14.500 millones, un decrecimiento de 18% respecto de los niveles de 2008. Es más, el Radio Advertising Bureau (RAB) anunció que las cifras de gastos en anuncios publicitarios para el primer trimestre de 2009 fueron las peores en la historia de este sector publicitario.

Claro, algunas estaciones ya utilizan podcasts con regularidad. Aún así, las emisoras de radio han lanzado una iniciativa llamada "Radio 2020", según RadioWeek, una publicación especializada en este sector. El propósito de la iniciativa es evaluar e integrar en una escala más amplia las nuevas tecnologías, como el podcast, para intentar volver a captar oyentes.[3]

En un artículo citado en podcastingnews.com en julio de 2008, la empresa Ipsos Mori, una firma de investigación global con sede en el Reino Unido, determinó que 10% de los encuestados afirmaba que escuchaba menos la radio tradicional desde que empezaron a bajar podcasts.[4] Curiosamente, el mismo estudio descubrió también que un 15% afirmaba que escuchaba *más* la radio en vivo desde la llegada de los podcasts, y un 39% dijo que escuchaba programas radiales que no había escuchado previamente.

En un mundo en que la convergencia de medios se ha convertido en el nuevo paradigma, es evidente que la capacidad de ajustarse al ritmo de las nuevas y emergentes soluciones tecnológicas para la distribución de contenido determinará la supervivencia de los más aptos.

---

[3] Ipsos Comunicado de Prensa de la National Association of Broadcasters, "Unprecedented Marketing Effort Unveiled to Reignite Radio" (septiembre de 2007). http://www.nab.org/AM/Template.cfm?Section=Home&template=/CM/ContentDisplay.cfm&section=News_Room&ContentID=10604

[4] Ipsos Mori, "Internet Stats Compendium May 2008" (mayo de 2008). http://www.scribd.com/doc/9372111/internetstatscompendiummay2008

13

Un blog, con cualquier otro nombre, sería...

UN BLOG, FORMA ABREVIADA DE "web log", es un sitio web o "diario en línea" cuyas entradas aparecen en orden cronológico. Por lo general, los blogs —ya sean en forma de texto, fotos o video— permiten a los lectores ofrecer comentarios que se publican junto al escrito original. El objetivo del blogger es generar zumbido — movimiento, conversación, atención— dentro de un determinado nicho. Si bien a medida que los blogs se vuelven más sofisticados, es más difícil distinguirlos de otras clases de contenido en línea, pero aún así ofrecen un valor único comparados con otros tipos de sitios.

En abril de 2007, David L. Sifry, fundador y presidente de Technorati, comentó que "la mayoría de los usuarios de Internet ni siquiera se dan cuenta de que están leyendo blogs. La distinción entre blogs y medios dominantes se está borrando rápidamente." Sitios como Huffington Post y PopEater son dos ejemplos de blogs que no se perciben como tales, y son bastante populares en Internet.

TANTOS BLOGS, TANTOS BLOGGERS

De acuerdo con las estadísticas recogidas por eMarketer en mayo de 2008, en 2007 los lectores estadounidenses de blogs (definidos como aquellos usuarios que leen un blog al menos una vez al mes) sumaron 94,1 millones (lo que equivale a 50% del total de los usuarios adultos de Internet). Se espera que para 2012 esta cifra trepe a 145,3 millones (o 67% del total de usuarios adultos de Internet). Mientras tanto, los bloggers mismos (definidos como aquellos usuarios de Internet que han publicado un blog nuevo o actualizado un blog existente durante el período de los tres meses en que fue llevada a cabo la investigación) también seguirán la tendencia creciente des 22,6 millones en 2007 a una cifra prevista de 34,7 millones de bloggers en 2012.

PRINCIPIOS BÁSICOS PARA BLOGGERS

Para construir su conocimiento sobre blogs a partir de cero, le ofrecemos algunos principios básicos. Empecemos por la blogosfera misma; ésta se compone de la comunidad de bloggers y cuando una noticia llama la atención colectiva de la blogosfera y domina por un tiempo la conversación en línea generada por miles de bloggers (trasladándose a menudo también a los medios dominantes), este fenómeno se llama "blogswarm". La mayoría de los blogs incluyen lo que se conoce como un "blogroll", una lista de blogs normalmente ubicada en la barra lateral.

El blogroll es una lista de blogs recomendados que el blogger selecciona, y se convierte en el lugar al que recurrir y donde se reúnen enlaces de contenido. De esta forma, otros bloggers pueden evitar la necesidad de ir a otro sitio para buscar enlaces sobre el tema bajo discusión. Cada entrada de blog genera un enlace permanente (*permalink*), que es el URL único para una entrada específica del blog, a diferencia de un enlace a la página principal del blog. Esta es una ventaja inmensa a la hora de atraer la atención hacia ciertas entradas específicas en una búsqueda.

La entrada promedio en un blog tiene 500 palabras (la extensión máxima es más o menos 1.000 palabras), y el blog está diseñado para posicionar al blogger como experto. Aunque las propias estadísticas sobre la actividad son un buen argumento para persuadir a su empresa a favor de entrar en el espacio, el valor verdadero del blog reside en los "*trackbacks*". Se trata de un sistema que permite que el blogger vea quién ha escrito una entrada sobre una de sus entradas originales; el sistema envía un "ping" entre blogs, que genera un aviso. Así, un lector del blog original puede leer un comentario escrito en otro blog sobre la entrada que está leyendo, y el blogger que comenta sobre esa entrada original puede proporcionar en su comentario un enlace para que sus lectores lleguen a ella. Como un innovador en el área de podcasting, Adam Curry, ha señalado, "Los enlaces son la moneda corriente de la blogosfera".[1]

Es posible crear un blog sencillo muy rápidamente utilizando WordPress, TypePad, Blogger.com de Google, o Moveable Type, por nombrar solo algunas aplicaciones. Después los blogs son capturados en directorios como Technorati, Bloglines o Google Blog Search.

La mayoría de las aplicaciones para crear blogs parten de un sistema de administración de contenido (*Content Management System* o CMS por sus siglas en inglés), que funciona como la apli-

---

[1] http://curry.com

cación de *back-end* (la que maneja el administrador) para crear, editar, manejar y publicar medios digitales en forma de archivos de texto, imágenes, audio y video. Muchas de estas aplicaciones vienen con plantillas temáticas para el *front-end* (el diseño que ve el lector), los cuales son formatos prefabricados que ofrecen aspectos visuales y operativos con los que presentar el contenido del sitio. Un código basado en el sistema de "hojas de estilo en cascada" (*Cascading Style Sheet* o CSS) controla los elementos visuales del sitio o blog.

Es probable que la mayor parte de las marcas corporativas quieran algo más complejo que lo que pueden obtener mediante una solución estándar, pero el diseño y la programación no tienen por qué ser igual de complejos. El lenguaje de codificación CSS (HTML o XML) que se utiliza para añadir estilos a los blogs o páginas web (fuentes, colores, espaciado, diagramación) separa el contenido de un documento de su presentación; de esa manera, permite que las modificaciones se extiendan "en cascada" fácilmente por todo el sitio para lograr una consistencia temática. Muchas empresas utilizan con éxito el blogware para crear sitios web estáticos en lugar de blogs. La ventaja de este sistema es que cuando es necesario introducir cambios en el contenido, cualquier usuario sin destrezas técnicas puede entrar en el sitio y actualizar el contenido sin toparse con demasiados problemas.

Paul Gillin[2] categoriza los blogs en cuatro clases principales: diarios en línea, blogs temáticos, blogs de promoción y blogs de enlaces, y afirma que los blogs temáticos son los más comunes y los que logran el mayor impacto.

Los recursos con los que usted cuente para crear contenido pueden llevarlo a inclinarse por una forma u otra, pero más allá de

---

[2] Paul Gillin. *The New Influencers*, (Sanger, CA: Quill Driver Books/Word Dancer Press, Inc., junio de 2007).

la forma, tenga en mente que lo que vuelve interesante a un blog es el tono y la personalidad. Es importante recordar que un blog no es un portavoz institucional que hará parecer que la empresa está escondida detrás de una pared. Tampoco es un gancho comercial, una conversación unilateral, un compromiso a corto plazo ni un mensaje falaz que le dice al público sólamente lo que quiere escuchar.

Según una investigación de la revista *Fortune* (en su "*Fortune 500 Business Blogging Wiki*"), 61 de las 500 principales empresas estadounidenses (el 12,2%) comenzaron a mantener blogs a partir del 17 de abril de 2009. Entre ellas se incluyen American Airlines, Xerox, Clorox Company, Pitney Bowes, Chevron, Whole Foods y Johnson & Johnson; la lista es tan diversa como amplia. Aunque cada una de estas empresas entró en el espacio de los medios sociales por sus propias razones, tanto las estrategias como los peligros son a menudo los mismos para todos, más allá del tipo de sector o la motivación.

MyStarbucksIdea.com ("MiIdeaStarbucks") es un ejemplo clásico de un blog que fue creado para recoger las opiniones de los clientes sobre las tiendas y sus productos. Se alentó a los consumidores a presentar sugerencias, sobre las cuales otros aficionados de Starbucks votaron después. Las sugerencias más populares fueron destacadas y reseñadas por los lectores del blog, y este se volvió tan popular que dio lugar a un segundo blog, "*Ideas in Action*" ("Ideas en Acción"), que ofrece a los usuarios actualizaciones sobre el estado de avance de los cambios que han sugerido los participantes (por ejemplo, incluir un nuevo sándwich en el desayuno, etc.). Según Starbucks, han recibido cientos de miles de ideas de los clientes desde que se lanzó el blog en marzo de 2008; algunas han conducido a resultados tangibles, como por ejemplo que comenzara a utilizarse un "palito antivuelco" que evita el derrame de líquido de las tazas de café.

Cada empresa encarará el tema de los blogs de una manera particular, y basado en parte en los grados de conciencia, interés y participación de los distintos niveles de la gerencia. Mientras que el CEO de Sun Microsystems Jonathan Schwartz bloguea personalmente, IBM tiene una red de empleados que escriben blogs donde cuentan sus experiencias, en qué están trabajando o simplemente escriben sobre cualquier otro tema. El blog de IBM destaca a la gente que es responsable por los productos y transmite el compromiso de IBM con la transparencia y el entusiasmo. Otro blog corporativo popular es el de Bill Marriott, basado en su maravillosa autenticidad, que se realza gracias a una imagen encantadora del autor vestido de cuello y corbata, con su firma como una medida adicional de veracidad.

En el frente político y por el lado de la generación de contenido, según un reporte de BIGresearch de febrero de 2008, en Estados Unidos los votantes inscritos de 18 años o más están participando en blogs; entre los bloggers preocupados por la política, los libertarios constituyen el 37,6%, los demócratas el 26,9%, los independientes el 25,7% y los republicanos el 22,9%.[3] Este tipo de información es esencial para cualquiera que desée llegar a los ciudadanos activos y comprometidos para buscar apoyo político.

A fin de cuentas, su estrategia de medios sociales debería incluir por lo menos una idea básica de dónde y cómo sus grupos meta están participando en la blogosfera. Aunque un blog es indudablemente un compromiso, es uno que conlleva múltiples y constantes beneficios para su marca.

---

[3] Comunicado de prensa de BIGresearch (12 de febrero de 2008). http://www.marketwire.com/press-release/Bigresearch-820299.html

14

Tácticas de Twitter

CADA DICIEMBRE CUANDO se acercan las fiestas de fin de año, nos invade un hormigueo, una sensación de entusiasmo, y las imágenes de campanas, champán y la calidez de la familia y los amigos rondan por nuestras mentes. Pero 2009 marcó algo más espectacular de lo que cualquier villancico podría evocar. Según lo que Rosenbloom y Cullotta (2009) señalaron en el *New York Times*, el año 2009 le dio la bienvenida a la primera Navidad de Twitter.[1]

Tal vez esto no le parezca gran cosa, pero podría ser una especie de milagro navideño. ¿Quién habría pensado que Twitter perduraría a pesar de la confusión de los usuarios que no percibieron su valor? ¿Quién habría pensado siquiera por un momento que esta aplicación —que hasta hoy no sólo no ha obtenido ganancias sino que al contrario, ha sido el blanco, durante los dos últimos años, de todas las burlas que reciben las nuevas aplicaciones— florecería

---

[1] Stephanie Rosenbloom y Karen Ann Culotta, "Buying, Selling and Twittering All the Way", (New York Times, 27 de noviembre de 2009).
http://www.nytimes.com/2009/11/28/technology/28twitter.html.

hasta convertirse en la que quizás sea el arma secreta del comercio minorista?

¿Y qué ha disparado el crecimiento en su utilización (de 11% a 19% del total de usuarios de Internet, según la Pew Research Center)?[2] Como con cualquier otro dato difícil de establecer, depende de a quién se le pregunte. Pero lo que sí sabemos es que Twitter ha probado tener un valor negociable en el mercado masivo, que es capaz de impulsar al más acérrimo de los detractores a enviar tweets, o de impulsarlo al menos a seguir los tweets. Bien se trate de un descuento, una liquidación exclusiva, un evento *in situ* o la oportunidad de ganar US$ 1.000, la conveniencia de estar al tanto de todo lo que importa en relación con nuestras marcas favoritas pondrá a Twitter muy de moda.

De hecho, en su ansiedad por subirse al tren de los medios sociales antes de que abandone la estación, los minoristas han motivado una nueva variedad de tweets cuya relevancia y eficacia se pueden medir de inmediato. En solo unas semanas de seguir los tweets sobre nuestras marcas preferidas, se relevan los siguientes usos:

La librería Borders puede informarnos de un descuento que se ofrece en sus tiendas:
Con este cupón gana un descuento de 30% en cualquier producto en nuestras sucursales o en línea en Borders.com >http://ow.ly/ HQpi.

Para ayudarnos a sentirnos bien durante las Fiestas, Starbucks nos aconseja qué hacer en el Día Mundial del SIDA:

---

[2] Susannah Fox, Kathryn Zickuhr y Aaron Smith, "Twitter and Status Updating, Fall 2009", (Social Networking Web 2.0, Pew Internet and American Life Project, 21 de octubre de 2009). http://www.pewinternet.org/Reports/2009/17-Twitter-and-Status-Updating-Fall-2009.aspx.

Ayuda a combatir el SIDA en África; gasta US$15 en locales de USA y Canadá y recibe un CD Starbucks/(RED) *[un movimiento de concientización sobre el SIDA en África]* **y donaremos US$1 al Fondo Global.**

Después de varios días, la empresa envía otro tweet con una oferta laboral dirigida a su reserva perfecta de postulantes:
StarbucksJobs ¿Quieres trabajar en #mediossociales para @ starbucks? Inscríbete aquí: http://bit.ly/5KBZMO ^JL.

Del supermercado Whole Foods, una cadena que se especializa en alimentos naturales, nos llegan noticias de platos económicos:
¡Nuestro boletín de diciembre está disponible en nuestras tiendas con muchas ideas para unas Fiestas alegres para usted y su bolsillo! http://bit.ly/67ZmD6 hace cerca de 1 hora de CoTweet

Y PetSmart nos recuerda llevar a nuestro cachorro a una de sus tiendas de mascotas para sacarle una foto con Papá Noel (Santa Claus):
Santa Claus visita la sucursal local de PetSmart este fin de semana. ¿Quién viene? http://bit.ly/LC5uO

PetSmart también envía tweets con pedidos como este para los activistas por los derechos de las mascotas:
Se necesita ayuda para los perros rescatados en una redada en el criadero clandestino de cachorros de Odessa *[Texas]* **12/21/09 http://bit.ly/5Kk5GR**

Si estoy cerca de Odessa y soy amante de los animales, es probable que quiera ayudar, y éso gracias a PetSmart, que no solo es un negocio minorista sino también una empresa realmente preocupada por los animales.

Cuando agregamos el Hotel Marriott de Boston a nuestra lista de favoritos, recibimos este mensaje directo:
¡Gracias por seguirnos! Si necesita reservar un hotel en Boston, Cambridge *[Massachusetts]* **o Providence** *[Rhode Island]*, **avísenos. Le conseguiremos un precio fenomenal.**

Es bueno saber que ahora tenemos un contacto en el Marriott de Boston que nos puede conseguir una ganga exclusiva.

¿Ya está empezando a comprender el poder de Twitter?

Entonces, hablemos ahora del superpoderoso microblog. El microblog es un tipo de blog en el que los usuarios generan noticias actualizadas en lapsos breves, a menudo varias veces por día y las publican en plataformas específicas. Lo atractivo de los microblogs es que los usuarios pueden publicar las actualizaciones a través de la web misma o mediante mensajes de texto, mensajes instantáneos o incluso por correo electrónico. Un usuario puede tener seguidores o puede seguir a otro usuario: ésas son las dos acciones básicas. Por ejemplo, según el conteo más reciente, Lance Armstrong tenía 2.325.474 seguidores y seguía a otros 143 usuarios.

La herramienta de microblog más popular hasta el momento es Twitter. Por eso, como Curitas y "googlear" (definido en el diccionario de inglés Merriam-Webster como un verbo que significa "utilizar el buscador Google para obtener información de Internet"), Twitter es una marca registrada que se ha convertido en término genérico y ha llegado a ser considerada sinónimo del acto mismo de publicar microblogs. Hay otras aplicaciones disponibles (por ejemplo, Tumblr y Jaiku), pero simplemente no pueden competir contra la capacidad de penetración de Twitter.

El sitio web y el servicio de Twitter nacieron en 2006 como un servicio que permite enviar mensajes de texto breves (SMS o servicio de mensajes breves por sus siglas en inglés) desde celulares a grupos de amigos y públicos meta. Como la mayoría de las aplicaciones de medios sociales, originalmente era de uso personal: servía para difundir qué hacían y qué estaban pensando en determinado momento los usuarios a través de "tweets", mensajes de texto individuales (como un "blog móvil"). Los mensajes pueden enviarse a través de distintos canales: mensajería instantánea, el sitio web de Twitter, la página en MySpace de un usuario y una gran cantidad de aplicaciones de Twitter desarrolladas por terceros.

Esta aplicación logra su mayor potencia cuando se la utiliza en combinación con otros medios sociales porque sirve para conducir a los clientes hacia los mensajes fundamentales de la empresa y por lo tanto, a su principal base de apoyo. ¿Usted todavía no envía tweets? Está en buena compañía: más del 80% de los usuarios de Internet no lo usan aún. Por ahora Twitter tiene un uso menos masivo de lo previsto, pero según se estima, esto está cambiando rápidamente. De acuerdo con eMarketer, el número de usuarios de Twitter se incrementó en 200% hacia finales de 2009, y crecerá otro 44% en 2010.

¿Está desanimado porque sus únicos seguidores son su mamá, su papá, su hermana y un tipo raro que se llama Tortuga-Z? No se aflija por su falta de popularidad. El usuario promedio solo tiene

10 seguidores o sigue a otros 10, y el percentil 10 superior sigue a más de 70 personas y tiene más de 80 seguidores.[3] Esto significa que en este momento no es muy difícil acceder al rango de las élites de Twitter, pero sin duda también esto cambiará pronto, como todo aquello que viaja a la velocidad warp de los medios sociales.

Si quiere saber si su grupo meta está usando Twitter, vaya al sitio "Search.Twitter.com". En él, mediante una serie de palabras clave, puede hacer una búsqueda para saber quién está participando activamente. Desde este sitio es posible lanzar funciones de búsqueda y un filtrado que le permitirán seleccionar en tiempo real contenido y usuarios relevantes para su marca. Así, por ejemplo, una búsqueda con las palabras clave "alimentos orgánicos" producirá una lista de usuarios interesados en ese tema, y por lo tanto, de clientes potenciales para su nuevo sitio web sobre alimentos orgánicos.

La aplicación Tweet Scan permite configurar búsquedas mediante palabras clave de forma tal que usted pueda empezar a "escuchar" la actividad en su mercado preferido. Esta aplicación también permite a los usuarios recibir avisos por correo electrónico y hacer copias de seguridad de sus tweets de acuerdo con una serie de criterios.

La participación en Twitter es otra de las dinámicas interesantes que suceden en la esfera de los microblogs. Si usted alguna vez se inscribió como seguidor de una marca importante, tal vez le sorprenderá saber que esas empresas se convertirán a su vez en sus seguidoras. Es posible configurar la cuenta de Twitter de su empresa para que siga automáticamente a quienes se suscriben como seguidores de su marca. Quizás se estará preguntando, "Pero

[3] Bill Heil y Mikolaj Piskorski, "New Twitter Research: Men Follow Men and Nobody Tweets", (Harvard Business Review, 1 de junio de 2009).
http://blogs.hbr.org/cs/2009/06/new_twitter_research_men_follo.html.

¿por qué rayos querría yo hacer éso?" Una buena razón es que al hacerlo, usted está creando una interacción única con su grupo meta.

Supongamos, por ejemplo, que decidimos seguir a Nike. El hecho de que Nike, una marca internacional que admiramos, nos siga a su vez —prestándonos atención como consumidores individuales— crea una dinámica emocionante. Claro, sospecharemos de sus motivos, pero por un momento, estaremos encantados por la reciprocidad en la conexión. Esto puede ser sumamente eficaz como parte de una estrategia global de construcción de la marca.

Se sabe que la edad promedio de quienes "actualizan su estado" en Twitter es 31 años (contra 27 en MySpace, 26 en Facebook y 40 o más en LinkedIn). Los usuarios de Twitter tienden a ser más diversos étnicamente y es más probable que vivan en áreas urbanas.

En cierta medida, el uso de Twitter es una expansión de la participación en otras redes sociales. Para ponerlo en perspectiva: aproximadamente 23% de los usuarios de redes sociales utilizan Twitter, mientras que solo 4% de los que no usan redes sociales lo utilizan. Es decir que si usted sólo utiliza Twitter, éso es lo que única y exclusivamente estará enviando: tweets.

Los variantes de Twitter proliferan; entre ellas hay sitios como StockTwits, que reemplaza la pregunta básica de Twitter por "¿Qué estás negociando?" Este sitio ha llegado a ser uno de los favoritos entre los interesados en la bolsa de valores.

He aquí algunos consejos básicos sobre Twitter para cuando considere su uso corporativo: asegúrese de incluir el envío de tweets en su calendario editorial. Envíe tweets cuando haya noticias de última hora (por ejemplo, Twitter fue el primer medio por el cual se difundió la información sobre los ataques terroristas en Mumbai —incluso antes de que lo hicieran las agencias noticiosas —). Utilice Twitter para promocionar las redes sociales que acompañan a su marca. Un excelente lugar por donde empezar es el servicio al cliente. Empresas como Zappos, la aerolínea Jet Blue y Comcast, uno de los principales proveedores de servicios de cable (teléfono, televisión e Internet) en EEUU, son pioneros en utilizar tweets en esa área. Otros usos de Twitter son generar clientes potenciales y actividades, obtener información sobre los clientes y fortalecer relaciones tanto con éstos como con los medios de comunicación.

Algunos consejos para abrir su cuenta: ingrese en Twitter. com e inscríbase. Use su nombre verdadero y evite guiones bajos y puntos. Use una dirección de correo electrónico activa para crear su cuenta. Complete su perfil agregando una URL; puede ser la de su blog, la de su sitio en LinkedIn, la del sitio web principal de su empresa, etc. Por lo general, para las marcas corporativas es recomendable usar el logotipo oficial. Ofrezca información útil sobre lo que los usuarios pueden esperar; por ejemplo, "publicaremos el lanzamiento de las últimas versiones de productos e información sobre descuentos y liquidaciones exclusivas". El carácter @ indica su nombre de usuario, así que inclúyalo siempre cuando se refiera al nombre de su cuenta en Twitter.

El próximo paso es conectarse. Busque a las "personas" que desea seguir. En este caso, podrán ser empresas que compitan con la suya, por ejemplo otras marcas de su mismo sector u organizaciones conocidas por utilizar eficazmente este medio para el servicio al cliente o la captación de público. Puede encontrar estas empresas fácilmente haciendo una búsqueda avanzada en Search. Twitter.com.

Como lo venimos diciendo con otras herramientas de redes sociales, el próximo paso es empezar a escuchar. Observe cómo sus competidores o marcas modelo responden a la pregunta clave, "¿Qué pasa?" Lo más probable es que nunca lo hagan directamente. Más bien, compartirán algo nuevo o interesante o re-enviarán el tweet (un "retweet" o RT) de otro usuario de Twitter que consideren útil.

Twitter tiene un límite de 140 caracteres —lo que todavía es demasiado para algunos (un chiste estilo Twitter)—. Por eso, cuando envíe un tweet con URL largas, tendrá que cortarlas. Esto se hace fácilmente con herramientas como Tr.im, bit.ly, tiny.url o owl.ly (este último se encuentra en Hootsuite). Cada aplicación para cortar URL tiene sus particularidades, así que experimente hasta encontrar la aplicación que se adapte mejor a sus necesidades. Los hashtags (#) son otro elemento que causa confusión en la Twittosfera. Se trata simplemente de una manera de catalogar o buscar un tema específico para que los usuarios puedan encontrar más fácilmente grupos completos de entradas. Los hashtags no están "enraizados"; o sea, no son una parte oficial de la dirección de una cuenta de Twitter, sino que sólo facilitan el agrupamiento de tweets similares.

Por éso, pueden ser muy útiles para eventos como congresos (por ejemplo, #AMAConf09, #PRSA08). Pueden aplicarse a cualquier búsqueda (#alimentos orgánicos, #Feliz Navidad, #incendios forestales, #Don Francisco, #bellas artes). Crean grupos inmediatos que pueden ser útiles particularmente en situaciones en las que el tiempo es un factor importante (catástrofes, actualizaciones de noticias urgentes, etc.). Encontrará ejemplos de hashtags en la lista de "Temas del momento" en Twitter.

Hay otros términos claves que es importante conocer para comprender Twitter. El *"Fail Whale"* es una ilustración cómica de una ballena arrastrada por muchos pajaritos que aparece cuando el sitio de Twitter está sobrecargado (la aplicación sigue creciendo aceleradamente y por eso las fallas técnicas frecuentes del programa han sido parte de la experiencia Twitter). Los que ingresan, envían un único tweet y no vuelven son conocidos como *"Twitter Quitters"* ("escapados de Twitter"); usted no querrá que su marca sea uno de ellos. Weight Watchers, una empresa en EEUU que ayuda a adelgazar a aquellos que tienen sobrepeso, sigue siendo el caso emblemático del *Twitter Quitter*. En febrero de 2009, lanzó una cuenta en Twitter, envió tres tweets y después salió de la Twittosfera. ¿Se imagina el efecto que éso puede tener en una marca? Evítelo a toda costa.

La función de mensaje directo (DM en inglés) es una forma de enviar un mensaje personal para que no todos puedan verlo. Para poder enviar un DM a otro usuario de Twitter, ese usuario tiene que ser uno de sus seguidores (por ejemplo, un reportero que sigue a Cristina Saralegui no le podría enviar un DM a menos que Cristina fuera a su vez seguidora suya). Y si usted desea enviarle un DM a un seguidor, respete las mismas reglas que se aplican en otros ámbitos: por favor, no envíe spam y evite las promociones comerciales directas en Twitter. Cuando resulte apropiado y se justifique enviar un DM, vaya al lado derecho de su página de cuenta en Twitter, haga clic en "Mensajes directos", elija el nombre en el cuadro de diálogo, escriba su mensaje y envíelo. Lo bueno del DM es que permite más de 140 caracteres —lo cual aparenta disminuir la utilidad específica de Twitter—.

Puede "alimentar" su propia cuenta con el contenido de su empresa ya sea a través de su cuenta en el sitio web de Twitter, por SMS a través de su celular, o mediante FriendFeed, Tumblr, Tweetdeck, Ping.fm o Hootsuite, por nombrar algunas aplicaciones cliente de Twitter diseñadas para ayudar a manejar sus tweets.

Twitpics es fenomenal para enviar tweets con fotos de su empresa, y Twitvid es un buen programa para subir videoclips. Por supuesto, luego tendrá que empezar a promocionar su cuenta de Twitter en otros lugares (por ejemplo, como un widget en Facebook, en el blog de su empresa, usando frases como "SÍGANME EN" junto con el ícono de esta red social). Promocione tanto su nombre con hashtag como su cuenta oficial de Twitter para conseguir la actividad óptima.

A toda costa evite contestar la pregunta preestablecida, "¿Qué pasa?" que se encuentra en la parte superior de su página de Twitter. Esa pregunta es la gran culpable de haber inducido a muchos usuarios a contar qué han almorzado u otros detalles triviales como ése. Mejor, cuénteles a sus seguidores algo que ofrezca valor. ¿Tiene un producto en descuento? ¿Una oferta especial del día? ¿Una premiere de alguna oferta promocional o un artículo interesante relacionado con su propuesta de valor? Estas opciones de valor agregado son mucho mejores que contar los detalles aburridos de su sándwich de jamón en pan de centeno. A fin de cuentas, el objetivo de su cuenta corporativa en Twitter es influir en la actividad fuera de línea; por ejemplo, que los usuarios corran a su tienda a buscar el descuento de 10% exclusivo para usuarios de Twitter.

Algunas de las mejores razones para enviar tweets: informar sobre tendencias y noticias de último momento; demostrar que su empresa está enfocada en el cliente; convertir a quienes ya son promotores en embajadores de la marca; generar conciencia de la marca; reclutar empleados para la empresa publicando anuncios de puestos o pedidos de currículum vitae; buscar y crear oportunidades mediáticas; compartir prácticas óptimas, ideas e información; fomentar la lealtad de los clientes; lanzar campañas de marketing viral; manejar reputaciones; desarrollar nuevos contactos y clientes potenciales; promocionar productos y servicios; conectarse con los clientes existentes e impulsar la participación en concursos y eventos.

Cuando envíe tweets en nombre de su empresa, tendrá que decidir si usará su propio nombre hablando de parte de la organización o si usará un nombre corporativo (por ejemplo, la twittera para Honda es alicia@honda). Esto determinará el tono que adopte en sus mensajes. Si varias personas están encargadas de enviar los tweets corporativos, esto debe estar aclarado en la sección "Bio" (donde se incluye la biografía corporativa) para una completa transparencia. También aquí se aplican las reglas básicas, tales como la ética y una representación apropiada de la empresa. No obstante, a diferencia de lo que sucede con otras formas de comunicación, sería casi imposible crear y mantener una presencia robusta y eficaz en Twitter si su equipo de comunicación corporativa tuviera que detenerse a revisar todos y cada uno de los tweets. Por eso es vital establecer pautas y asignar la tarea de enviar tweets corporativos a las personas más adecuadas.

En cuanto usted haya logrado algunos seguidores, será conveniente que determine quiénes son. Sígalos para ver a qué otros usuarios siguen; ésta puede ser una manera maravillosa de expandir su base de clientes actuales y potenciales. Enviar tweets un par de veces al día toma cinco o diez minutos, así que no es difícil de manejar. Lo que sí puede ser difícil al principio es encontrar el equilibrio adecuado de contenido de acuerdo con su propósito. Por ejemplo, si no tiene noticias candentes o actualizaciones, ¿publicará enlaces interesantes?

Es probable que un diseño estándar no sea suficiente para su marca. Entonces, contrate a un diseñador para elaborar un diseño simple, basado en su marca, para su cuenta de Twitter (intente una búsqueda en Google, Craigslist o Elance.com con las palabras clave "diseñadores y Twitter"). Más allá de la marca, crear su propio aspecto visual y operativo puede proporcionarle más espacio en el que incluir su mensaje (por ejemplo, además del perfil, se puede incorporar en el diseño de Twitter la posibilidad de enviar mensajes en las barras laterales a la izquierda y a la derecha de la página). Una vez que su cuenta esté activa y vea que alguien le ha enviado un retweet, reconózcalo en su flujo de tweets. Por ejemplo, publique un agradecimiento general, o incluso podría enviarle un DM a ese seguidor ofreciéndole devolverle el favor.

Las aplicaciones cliente de Twitter son casi infinitas (Twitpoll para encuestas de seguidores, etc.), pero éso no cambia la regla de empezar poco a poco. Quizás sean sólo unos pocos los designados para enviar los tweets de la empresa, pero todo el directorio debe estar conciente de los alcances de esta herramienta, especialmente teniendo en cuenta el crecimiento de la tendencia a enviar tweets masivos directamente desde congresos o discursos de apertura. Los oradores son los últimos en enterarse cuando sus audiencias encuentran aburridos sus discursos o flojas sus presentaciones en Power Point. La voz corre en tiempo real, mientras que todo ocurre, de modo que cuando usted haya terminado su discurso, es posible que su carrera como orador ya esté arruinada.

Algunos oradores han llegado al extremo de ubicar a alguien al frente del auditorio para monitorear los tweets (lo que se llama un "*Twitter spotter*") a medida que se envían. Este personaje informa sutilmente al orador de qué manera la audiencia recibe sus palabras, si tiene sentido cambiar de tema, acelerar la presentación, pasar a la etapa de preguntas del público o simplemente terminar. De modo que aquellos a quienes por lo general no les gusta dar discursos tienen otra razón adicional para ponerse aún más nerviosos.

La clave con cualquier táctica de Twitter es una respuesta oportuna. No responder es responder mal. Una respuesta retrasada puede ser peor. Si los clientes se toman el tiempo de seguir a su marca, esperan servicio, atención y celeridad en la respuesta. Entre las empresas que han tenido éxito con Twitter se incluyen H&R Block (una empresa que ayuda con preparar las declaraciones de impuestos), por la simplicidad de su diseño); Zappos, que tenía 1.615.354 seguidores en diciembre de 2009; Comcast, por su uso de Twitter en el área de servicio al cliente (@ComcastCares); y el supermercado Whole Foods, por su "gancho" en cuanto a tono y estilo. Si su empresa no está preparada para invertir esfuerzos en planificar e implementar de acuerdo con las expectativas de la Twittosfera, entonces retenga sus tweets hasta que obtenga los recursos necesarios.

Twitter se trata de aumentar el conocimiento, demostrar una necesidad, divertirse y ofrecer maneras de interactuar factibles, limitadas en el tiempo y gratuitas. Es mejor acrecentar la base de apoyo de manera orgánica, pero algunas empresas están empleando ciertas tácticas astutas para impulsar a los consumidores a seguirlas. Un caso de éxito es el de Moonfruit, una empresa de tecnología con sede en el Reino Unido que ha experimentado grandes altibajos durante el transcurso de los años, comenzando por la época del boom de las "puntocom". Como una manera de reinventarse, Moonfruit lanzó una promoción en Twitter en la que regalaba 10 Apple Mac Pros, una por cada año de su existencia.

Los usuarios sólo tenían que añadir el hashtag #moonfruit a sus tweets, y así este hashtag alcanzó el primer lugar en la lista de "Temas del momento" de Twitter durante tres días seguidos. Un algoritmo escogía al azar a los ganadores. Ya al segundo día de la promoción, Moonfruit había alcanzado el 2,5% de todo el tráfico en Twitter y el concurso disparó el número de seguidores de la empresa de 400 a 47.000. Lo que es más, la promoción aumentó la tasa de clientes que compraban algo en 20%.

Otro ejemplo es el uso de Twitter en un sitio web como chictown.com. Cuando los usuarios respondieron a los tweets de su dueña, Amy Robertson, comentando por qué les gustaba un producto, recibieron un cupón de descuento.

Su empresa puede utilizar una gran variedad de estrategias de posicionamiento y de estilos para el envío de tweets: (a) la marca corporativa (por ejemplo, el hotel Four Seasons). En este caso, un equipo maneja la cuenta, pero el tono puede ser menos auténtico y más institucional; (b) el abordaje corporativo-personal (Comcast logra esta mezcla con éxito). Lo positivo es que este abordaje puede usarse para ganar la confianza de los consumidores; pero también puede crear falsas expectativas sobre lo que pueden hacer los twitteros corporativos a favor de los clientes; (c) el abordaje de la marca corporativa afiliada (a través de una cuenta personal). En este caso, lo que se acentúa es la interacción personal, pero la desventaja está en la alta probabilidad de perder el enfoque en la marca misma, a la vez que aumenta el riesgo de que el twittero corporativo "se desmarque"; y (d) la cuenta puramente personal sin ningún enlace a la empresa (salvo quizás una mención de su empleo).

En nuestra opinión, las desventajas de esta última pesan más que cualquier ventaja, ya que disminuyen las oportunidades de apalancar la marca y se cuestiona la relación entre el individuo y la marca (por ejemplo, ¿está esa persona realmente autorizada a hablar en nombre de la marca?) Con estos reparos, esta opción puede ofrecer una autenticidad mucho mayor que cualquier otra y captar percepciones en crudo del consumidor que de otra forma no se podrían obtener.

El éxito en la Twittosfera se logra a través de conocimientos y pericia, combinados con un interés genuino en interactuar con la comunidad. Esto significa estar disponible. Establezca la norma de cuándo va a enviar tweets (por ejemplo, algunos informan a sus seguidores cuándo no van a estar disponibles con mensajes como éste: "Que tengan un fin de semana fabuloso. El lunes compartiremos los resultados del Twitpoll sobre sus sabores favoritos de café."). ¿Cuál es el número "correcto" de tweets diarios? Generalmente, entre 2 y 15 tweets al día rinden buenos resultados. Las empresas cuya información no se actualiza con tanta frecuencia pueden lograr mucho con menos tweets, mientras que los negocios que tienen información que cambia constantemente, como las agencias de noticias o las aerolíneas, probablemente se acercarán más al otro extremo del espectro, dependiendo de los recursos y las herramientas a su alcance.

Si un periodista o un consumidor le hacen una pregunta, responda rápido y así evitará ganarse la reputación de ser desatento. Insistimos: es muy útil establecer expectativas claras sobre su nivel de actividad.

Explore la gama disponible de aplicaciones cliente de Twitter (Tweetgrid, Tweetmeme, TweetDeck, Seesmic, etc.) y seleccione una o dos que lo puedan ayudar a manejar la medición de la eficacia de sus tweets y la distribución de su contenido. Utilice Twitter como su programa de anuncios de interés público: allí brindará información útil (por ejemplo, sobre una cata, una firma de libros o una fiesta en el estacionamiento antes de un partido) y un enlace para más información.

Otros consejos para tener en cuenta: no es necesario que envíe tweets constantemente, pero sí que lo haga con regularidad. Asegúrese de que los enlaces enviados funcionen. Si se topa con un usuario que hace comentarios negativos, agradezca su interés pero traslade la conversación fuera de línea. Es importante evitar la publicación de comentarios defensivos en este espacio, porque se convertirán en una parte del archivo digital permanente de la empresa. Recuerde que siempre es mejor dar información que promocionar una venta directamente, y que es necesario mantener cierto equilibrio entre información nueva, retweets y respuestas. Utilice titulares impactantes y siga monitoreando quiénes son sus seguidores, qué envían, a quiénes siguen y cuáles son sus actitudes hacia su marca. Por último, no deje de comunicar lo que haya averiguado a todos los departamentos de su empresa. Si ha recibido quejas sobre un nuevo producto, no basta simplemente con responder a ellas; informe de estos comentarios a los departamentos de servicio al cliente y desarrollo de productos, así como a la gerencia sénior, para sacar el mayor provecho posible del ciclo de retroalimentación.

15

¡Sonría... y diga "comunidad"!

LA POSIBILIDAD DE COMPARTIR fotos ya es un sello emblemático de Internet. Al nivel más básico, un servicio para compartir fotos permite a los usuarios subir imágenes digitales desde su computadora, celular o directamente desde su cámara a la web, creando a su vez una dirección única en la web para esa foto a la que se puede acceder desde cualquier lugar del mundo. Esas imágenes se vuelven parte del perfil del usuario, lo cual le permite organizarlas y agruparlas a su gusto.

Ya sea para publicar fotos de la fiesta del cumpleaños número 80 de la abuela, y así todos los nietos las ven, o para crear una presentación compleja de diapositivas para publicar en blogs y redes sociales, los consumidores se han acostumbrado tanto al método como a la interfaz de los servicios para compartir fotos. Los sitios como Flickr y Picasa se han convertido en una parte integral de la rutina normal de muchos usuarios de Internet.

Si bien a veces resultan eclipsadas por la naturaleza más llamativa del video viral, la popularidad y la viabilidad económica de compartir imágenes ofrecen muchas opciones para los negocios. Desde el posicionamiento de la marca hasta la documentación de un evento publicitario, el profesional de marketing astuto puede aprovechar las múltiples oportunidades que presentan estos servicios.

Así, estas aplicaciones le permiten proveer fotografías profesionales a la prensa o pueden alojar fotos para su blog corporativo. También pueden permitirle sumarse a una comunidad de clientes potenciales muy activos, así como darle acceso a una fuente donde obtener materiales de marketing tanto para la web como para materiales impresos.

Antes de seleccionar un sitio donde compartir fotos, es mejor tener alguna idea de cómo piensa usarlo para posicionar su marca. El uso más básico de estos sitios es el de repositorio de imágenes. La mayor parte del software para la creación de blogs e incluso algunas empresas de hosting en la red ofrecen poco espacio para lo que podrían llegar a ser cientos de gigabytes de datos de imagen.

Entonces es posible usar los sitios de fotos para alojar todas esas imágenes. Gratis o por una tarifa insignificante, estos sitios le ofrecen un espacio donde colocar las fotos que después publicará en su blog o su sitio web. Esto se aplica también a usos internos: dentro de la empresa, un sitio para compartir fotos con acceso limitado puede servir para compartir imágenes con colaboradores del mundo entero.

La posibilidad de compartir que ofrecen estos sitios es útil también para tratar con la prensa tradicional y los bloggers. Así, por ejemplo, un restaurante puede tomar fotos de sus platos y compartir esas imágenes en alta resolución, y luego esas fotos podrán incluirse en un paquete digital de prensa.

Así los bloggers y los medios tradicionales pueden usar las imágenes que usted les dio en sus reportajes. Lo mismo ocurre con las imágenes de eventos publicitarios. Se pueden subir las fotografías profesionales (con el debido permiso) tanto en su sitio corporativo como en el sitio donde usted comparte sus fotos. Si usted tiene un equipo de promoción en las calles, este grupo puede publicar imágenes de los eventos que realiza en la página de la empresa. Y esas fotos también pueden convertirse en parte del paquete digital de prensa, lo que permitirá que los medios de noticias incluyan fotos de los eventos de su negocio.

Sin embargo, los que hemos mencionado hasta ahora son sólamente los usos más convencionales de los servicios para compartir fotos. Existen también opciones más sofisticadas. La creación de álbumes, que se utilizan para categorizar y organizar fotos, puede permitir al especialista en marketing narrar una historia promocional a través de fotos. También se puede subir las fotos a álbumes grupales, donde varios usuarios agrupan imágenes según algún criterio temático, y de esa manera interactuar con una base de consumidores.

La mayoría de los sitios donde se comparten fotos permite etiquetar las imágenes. Todo lo que se puede subir se puede etiquetar. Así, el restaurante que presenta un nuevo plato de calabaza puede etiquetar la imagen no solo con el nombre del restaurante sino también con etiquetas como "calabaza", "naranja", "nuez moscada", etc.

Luego, se puede buscar la imágen mediante cualquiera de esas etiquetas. Así, los usuarios con una curiosidad especial por los platos de calabaza verán la nueva creación del chef. Las nubes de etiquetas, que se popularizaron en Flickr, muestran la frecuencia con que aparecen ciertas etiquetas tanto en el sitio completo como dentro del propio perfil de un usuario.

A medida que la tecnología se vuelve más compleja, los sitios están empezando a permitir "geo-etiquetas" para las fotos tomadas con teléfonos celulares. Así, el restaurante también puede geo-etiquetar sus imágenes, de modo que los usuarios que ven las fotos del nuevo plato podrán ver también fácilmente que el restaurante se encuentra sólo a unas cuadras de distancia.

Las geo-etiquetas, las nubes de etiquetas y la posibilidad de compartir dentro de un grupo crean una oportunidad para los especialistas en marketing. Los usos mencionados al principio del capítulo permiten una conversación unidireccional entre la empresa y otros usuarios, pero compartir fotos también tiene un aspecto social. Al adoptar el uso de etiquetas, las empresas pueden permitir a los usuarios compartir imágenes de eventos relacionados colocándoles una etiqueta con el nombre de la empresa o compartiendo sus propias experiencias con los productos a través de etiquetas.

Las geo-etiquetas también ofrecen una gran oportunidad de organizar eventos promocionales creativos en los que los consumidores pueden participar en búsquedas del "tesoro". Las fotos geo-etiquetadas pueden ser usadas con otros servicios; por ejemplo, se pueden agregar a GoogleEarth, que es un sistema basado en mapas.

El uso de fotos, sin embargo, está regulado por leyes de propiedad intelectual. Con respecto a las imágenes, el conjunto de las leyes que controlan el uso de fotos en Internet a menudo opera a través de un servicio llamado *Creative Commons* (Bienes comunes creativos), que otorga a los creadores un control legal específico sobre el copyright, o derecho de autor, de las imágenes. El uso de una licencia de "Reconocimiento" significa que los usuarios pueden utilizar y modificar a su gusto las imágenes creadas por otra persona, incluso con fines comerciales, siempre y cuando concedan el debido crédito al autor.

Usted también puede usar cualquier imagen con licencia tipo "Reconocimiento" según las mismas pautas. Aún así, debe tener en cuenta algunas consideraciones antes de hacerlo. En 2007, los padres de una joven de 16 años cuya foto fue publicada bajo una licencia de "Reconocimiento" demandaron a Virgin Mobile por el uso de dicha foto en una cartelera publicitaria. Aunque el fotógrafo había otorgado el permiso para el uso, la joven no sabía que su imagen aparecía en el sitio. El caso aún está pendiente de resolución.

Otras licencias ceden la mayor parte del control en manos de los creadores. Una licencia "Compartir igual" implica que una imagen puede ser alterada pero el resultado debe volver a publicarse bajo la misma licencia, lo cual cierra la posibilidad de la mayor parte de los usos comerciales. La licencia "No comercial" permite el uso y la modificación de una imagen siempre y cuando no sea con fines comerciales. Por último está la licencia "Sin obras derivadas", que implica que la obra debe ser compartida en su forma original sin ningún cambio. Todas estas licencias requieren el debido reconocimiento del autor de la imagen.

Existen muchas opciones para aquellos especialistas en marketing que están pensando en compartir fotos, y cada una tiene sus propias ventajas. Muchos sitios son propiedad de empresas más grandes y sus interfaces se entrelazan con las de sus empresas madres, lo que permite al profesional ingenioso crear una interfaz digital holística. A continuación presentamos algunas de las opciones más populares para compartir fotos.

Photobucket es una empresa de Newscorp y aloja no sólo fotos sino también videos. Además de álbumes convencionales de fotos, permite crear álbumes de recortes digitales y presentaciones de diapositivas. La versión Pro también permite subirlas por FTP y ofrece una mayor capacidad de almacenamiento.

Flickr es uno de los sitios más sociales. Forma parte de Yahoo! Inc. y permite relaciones entre ambas plataformas y subir videos en forma limitada. Se considera que Flickr es también el creador de las nubes de etiquetas.

Picasa es propiedad de Google y se integra bien con los demás programas de Google. Incluye muchas herramientas de edición, como el recorte y la reducción del efecto de ojos rojos.

Shutterfly aloja una cantidad ilimitada de fotos en resoluciones también ilimitadas, lo que lo hace especialmente apropiado para imágenes de alta resolución.

Snapfish también permite almacenamiento ilimitado pero promociona la venta de productos asociados, como tazas de café y calendarios.

Facebook, aunque ofrece menos herramientas para manejar fotos que otros sitios, fue el que introdujo la posibilidad de etiquetar y se integra bien a las estrategias de marketing basadas en las redes sociales.

Cualquiera sea la aplicación que usted elija para compartir sus fotos, las imágenes de su marca realmente valen mil palabras, así que incorporarlas en su estrategia es una decisión sabia.

16

Yo Quiero mi YouTube

¿IHAY ALGO MÁS IMPACTANTE que el video? Y no nos referimos sólo a lo que se ve en él. Desde la posibilidad de añadir contenido o realizar búsquedas hasta su potencial para impulsar rendimientos, el video no es solamente la nueva onda sino, en muchos aspectos, la única onda para llevar a cabo varias tareas en un único espacio.

Los usuarios pueden subir y compartir videos en sitios web como YouTube, dedicado a la publicación de videos. Los usuarios pueden mirar los videos, comentar sobre ellos, compartirlos con otros usuarios e incluso incorporarlos en sus propios sitios web y blogs. Cada vez más empresas están creando contenido en video que comparten en sitios como YouTube para promocionar sus marcas y productos, y esto se hace a menudo mediante la creación de un vlog. Pariente del blog, el vlog difiere de él sólo en el hecho de que exhibe videos. Aunque YouTube es obviamente el Goliat de estos servicios, existen otros agregadores y distribuidores de video, como Vimeo, Viddler, blip.tv y sitios como Hulu.

Como todos sabemos, los usuarios miran videos en línea, y con la proliferación de dispositivos móviles y tecnológicamente avanzados, el número de espectadores crece cada día. Las empresas astutas pueden aprovechar las ventajas del video en línea para alcanzar numerosos objetivos comerciales, como la estrategia de marca, el posicionamiento del producto y crecimiento de las ventas.

Pero para que el marketing mediante videos en la web funcione, no basta con simplemente grabar un contenido y subirlo a YouTube. Se necesitan reflexión, planificación, trabajo intenso y mucha creatividad para organizar e identificar las muchas opciones y los abordajes de los que disponen los especialistas en marketing para que su contenido se destaque y su campaña digital resulte eficaz.

El video en línea es una de las herramientas de marketing más flexibles y puede generar un compromiso asombroso por parte de los consumidores. En la mayoría de los casos, los videos que miran los consumidores en Internet son aquellos que verdaderamente les interesan. A diferencia de lo que sucede cuando miran televisión, se conectan activamente con el video; no bajan el volumen ni aprovechan cualquier oportunidad para ir al baño. Por lo tanto, el video en línea tiene que estar preparado para captar a los consumidores a un alto nivel de participación y debería ofrecerles algo único, interesante, entretenido y valioso, que valga la inversión que ha hecho su empresa.

Como ya hemos visto respecto a otros escenarios de redes sociales, hay muchos acercamientos diferentes al hosting y la distribución de videos en la web. La primera pregunta es cómo quiere presentar su video. O sea, ¿cómo va a "alojar" su contenido? La mayor parte del video eficaz en la web se exhibe mediante un complemento llamado Adobe Flash, y para que ese programa pueda mostrar su video, es necesario "traducir" la forma cruda — el archivo exportado desde su software de edición de videos— a su lenguaje. Para alojar el video, o hacer que el mayor número posible de espectadores pueda verlo usando Flash, es preciso encontrar algún método o servicio adecuado. Hay dos opciones principales: subirlo a un canal propio incluido en el sitio web o blog de su empresa, o subirlo a uno de los muchos servicios de alojamiento web estilo red social. Las cuestiones más importantes que habrá que considerar al seleccionar un servicio de este tipo son el costo, el control y la posibilidad de compartir (*shareability*) que ofrece.

Hay varios servicios que permiten que su video se muestre exactamente como usted lo desea; es decir que usted tiene completo control sobre la apariencia de su video web, bien sea porque usted quiera presentar un único video o crear un "canal" de videos relacionados para los consumidores. La opción del "canal" o serie es más cara y requiere servidores dedicados a alojar los videos, así como la presencia de un programador en su equipo que se ocupe de manejar la publicación de los videos en su sitio web. Asimismo, se necesita mucho ancho de banda, y publicar y crear los videos se vuelve más complejo. Pero su mayor ventaja es que otorga control absoluto sobre la exhibición y el uso de los videos.

Otros servicios ofrecen el mismo grado de control por un costo mínimo o hasta gratis. Se llaman "plataformas de videos en línea" y alojan archivos de video para su uso posterior en la web. Brightcove es el favorito de las empresas para este tipo de exhibición; maneja los videos para grandes empresas como Discovery.com y The *New York Times*. Marcellus, otra plataforma de videos en línea, funciona de la misma manera y aloja videos para empresas como la BBC. Estos servicios son plenamente personalizables y se integran con su sistema de manejo de contenido, pero son caros.

Viddler tiene un servicio semejante, pero con la ventaja de que ofrece un plan gratuito si usted está dispuesto a aceptar publicidad de un tercero; también ofrece la posibilidad de ser socio publicitario a cambio de una tarifa. Incluso se puede personalizar el reproductor de video mismo para que haga juego con el aspecto visual y operativo de su sitio web o blog corporativo y muestre el logotipo de su empresa. Viddler, a diferencia de Marcellus o Brightcove, ofrece la capacidad de hacer comentarios sincronizados y así el público puede opinar sobre partes específicas del video.

Por un precio considerablemente más módico y con una mayor posibilidad de compartir y un uso más sencillo, las empresas pueden elegir las plataformas de video de los medios sociales. Estas publican los videos en el sitio web de su empresa y, normalmente, también en el sitio donde se comparten. Estos servicios se encargan de "traducir" los videos al código de Flash y de alojar el archivo, pero como su empresa depende del ancho de banda y el servicio que ellos le prestan, usted tiene menos control sobre los videos. Vimeo es un servicio de este tipo, pero es difícil de utilizar comercialmente. El sitio ofrece el hosting y una exhibición de alta calidad gracias a altas tasas de transferencia y definición y tiene una comunidad comprometida que ofrece mucho apoyo, pero no les permite a las empresas utilizar los videos con fines abiertamente comerciales sin establecer un contrato publicitario.

No obstante, algunos grupos están exentos de esta prohibición. Las organizaciones religiosas o sin fines de lucro pueden usar Vimeo como se les dé la gana. También, los músicos, autores, cineastas y otros artistas pueden utilizar Vimeo como herramienta promocional. Se puede incorporar los videos en otros sitios web, pero sólo con el reproductor de Vimeo, y el sitio mismo está enfocado en el concepto de redes sociales y por consiguiente, tiene una comunidad muy unida de espectadores.

De manera similar, Blip.tv aloja videos de forma gratuita (con publicidad) o por un pago mínimo (sin publicidad), pero está diseñado para videos episódicos, bien sean comerciales o no. Si su empresa ha decidido crear un contenido recurrente, como un programa centrado en el posicionamiento del producto o una serie de visitas a casas o a barrios, un servicio como Blip le ayudará a crear su propio canal y a promocionarlo tanto en la comunidad de Blip como en la web.

Facebook y MySpace también ofrecen hosting de videos. Pero compartir estos videos fuera de las comunidades de Facebook y Myspace es difícil y la calidad de video es baja, pero si su campaña de redes sociales y su campaña de videos están estrechamente enlazadas, entonces utilizar estos sitios podría ser una buena opción. Otros sitios, como Hulu.com y FunnyorDie.com, alojan videos pero normalmente de un tipo más específico y con menos material generado por los usuarios.

Los tres servicios principales del mercado para compartir videos de todo tipo son Metacafe, Dailymotion y YouTube. Todos permiten subir videos y ofrecen varias categorías de pago y aso-ciación, junto con la posibilidad de incorporación en el sitio web o blog de su empresa. De los tres, YouTube es el más popular y el más conocido. Al igual que con los otros jugadores principales en Internet, como Facebook, se espera que todo el mundo tenga algún nivel de presencia en YouTube, y aunque usted aloje sus videos en otro servicio, publicar en más de un sitio es una opción muy viable. Prácticamente todos los teléfonos móviles con funciones de video incluyen la aplicación YouTube.

Creado en 2005, YouTube es el segundo buscador más grande después de Google, aunque muchas personas recién se han percatado de las maravillas de YouTube como mecanismo de búsqueda. Aquí van algunas estadísticas para ponerlo en contexto: YouTube recibe un promedio de más de 60 millones de visitantes por vez y por lo general se suben 10 horas de video por minuto. Sí, *por minuto*.

El sitio aloja más de 100 millones de videos por día y recibe miles de millones de visitas por mes. Propiedad de Google, le corresponde casi el 25% de las búsquedas en ese sitio, lo que lo convierte en el segundo buscador más utilizado del mundo. Para los especialistas en marketing, éso significa dos cosas: (1) cuando la gente busca videos en línea, va directamente a YouTube; (2) a su vez, en ese mismo sitio los consumidores encuentran una cantidad de videos inmensa y difícil de manejar. Por eso, es fundamental lograr que su contenido se destaque.

En el pasado, quizás su empresa se comunicaba con su agencia de relaciones públicas para elaborar el presupuesto de producción de un video promocional para el próximo lanzamiento de un producto. La agencia asignaba a su mejor personal la tarea de generar una perspectiva de interés periodístico que pudiera prestarle unos minutos de atención en el noticiero de la noche.

Hoy en día, cualquier empresa puede crear lo que es esencialmente su propia red o canal de distribución de videos, con tanta publicidad o valor periodístico como quiera. Los costos de producción pueden ser relativamente bajos y el costo de distribución es prácticamente gratuito —al menos, por ahora—.

Por eso el contenido se vuelve tan importante. Técnicamente, la frase "video viral" se refiere a cualquier sitio (URL) que le pasa de un amigo a otro el mensaje: "Oye, ésto vale la pena" o "échale un vistazo". Pero a los ojos de muchos especialistas en marketing, el video viral se ha convertido en el non plus ultra: producir el video perfecto, aleatorio, que arrasa en Internet y fortalece a su vez a su marca. Pero el público virtual es frívolo. Por éso, para aquellos que se proponen crear un video de bajo presupuesto, rápido y entretenido que a la vez haga crecer a la marca y mantenga la autenticidad, el proyecto y la práctica deberían tener menos que ver con lograr un impacto "viral" y más con el desarrollo astuto de la marca.

Algunas campañas, como la de Starbucks "Todo lo que necesitas es amor" o la que organizó la cerveza argentina Quilmes para celebrar el Día del Amigo, "Hacé confesar a un amigo", son eficaces porque son entretenidas y están bien dirigidas a sus respectivos públicos. Pero cuando los espectadores pueden elegir por sí mismos qué miran, es necesario que el contenido tenga un gancho genuino y atractivo, porque si parece falso no logrará la recomendación de "¡Tienes que ver ésto!" que es requisito para un alto rendimiento de la inversión.

Pero no siempre es necesario un acercamiento eccéntrico. Uno de los tipos de video más importantes en Internet son los videos en los que se enseña cómo llevar a cabo cualquier proyecto, sea lo que sea. La popularidad de estos videos o los de respuestas a las "preguntas más frecuentes" demuestra que los consumidores usan los videos en línea para otros propósitos además de la diversión. La integración de su marca con videos de este tipo, así como los seminarios virtuales para aprender a usar las máquinas de coser de Singer o el canal de cocina de Kraft Foods, puede fortalecerla y brindar un servicio adicional a sus clientes. Además, producir un seminario virtual puede estar más directamente relacionado con sus metas generales que lograr un video divertido o de contenido aleatorio. Del mismo modo, entrevistas a personas de su empresa, como una chef comentando su formación o el CEO explicando la filosofía corporativa, pueden ser una manera económica, honesta y directa de interactuar con los clientes.

Muchos líderes globales han utilizado videos de manera muy eficaz para moldear sus marcas personales. Algunos ejemplos son los discursos semanales grabados por el Presidente Barack Obama y presentados en su propio canal (BarackTV), las visitas de la Reina de Inglaterra a los pobres de su país, e incluso la Reina Rania de Jordania, quien ganó el Premio Visionario de YouTube por su video donde presenta su objetivo en ayudar a prevenir los estereotipos culturales.

Por el lado corporativo, el caso de Blendtec es un ejemplo legendario de lo que puede hacer un video por una empresa y su producto. Mientras el CEO Tom Dickson se ocupaba, según su costumbre, de licuar todo tipo de cosas para comprobar la resistencia de sus licuadoras, un colega pasó y ofreció grabar el evento. Luego ofreció subir el video a YouTube y lo demás es historia, y lo que es más importante, generó ganancias.

Los videos se popularizaron y se convirtieron en un éxito económico instantáneo (grabaron ocho episodios, que lograron tres millones de visitas en una sola semana). El "licuado" más famoso incluía un iPhone, y la empresa sigue aceptando sugerencias para futuros "licuados". (Puede ver los videos del canal de Blendtec en YouTube, http://www.youtube.com/blendtec.) Dickson informa que las ventas se quintuplicaron, un número impresionante para lo que normalmente es un humilde proceso de control y verificación del producto.

Los dueños de hoteles y restaurantes pueden ofrecer visitas virtuales a sus edificios, los salones de belleza pueden grabar una sesión de estilismo u otros servicios y los agentes de bienes raíces pueden mostrar imágenes de las propiedades que están en venta. Estos videos no reciben miles de visitas, pero las que reciben son más valiosas porque están ofreciendo un contexto a los consumidores particularmente interesados en las propiedades. Imagíneselo de esta forma : los videos virales equivalen a gritar en un centro comercial abarrotado, mientras que estos videos más directos, que también son interesantes y entretenidos, son como una discusión íntima con un amigo.

Es más, los videos virtuales pueden ser tan costosos como usted desée o según le dicte su presupuesto. Pero aún sin considerar los costos de hosting, producir un video para la web puede ser tan barato como prender la computadora y hablar a la webcam, o tan caro como producir un comercial televisivo. Para realizar un video de tipo testimonial, lo único que se necesita es una cámara en una superficie estable y alguien que comprenda los principios de cómo editar video en uno de los programas gratuitos o de precio mínimo que ya vienen instalados en la mayoría de las computadoras. Para un video más avanzado, dependerá de los límites de su presupuesto.

Los videos bien logrados con alto nivel de producción pueden resultar caros. Pero si usted tiene dentro de su su personal a alguien que sepa editar y que tenga una buena cámara y software de alta calidad como Final Cut Pro, él o ella pueden satisfacer la mayoría de sus necesidades básicas. La elección de una de estas opciones dependerá de cuáles sean sus metas, cuán competente sea su personal y cómo piense utilizar el video.

17

Widgetmanía

"YO <CORAZÓN> WIDGETS." Ese es el eslógan que queremos llevar impreso en una camiseta como tributo a esas herramientas tan útiles por su capacidad de acercar contenido a los consumidores.

En los viejos libros de texto sobre marketing y ciencias económicas, un "widget" era un producto imaginario (normalmente fabricado por la empresa igualmente imaginaria "Acme Corporation") utilizado para ilustrar conceptos básicos de negocios.

Hoy en día, los widgets son bien reales, aunque residan en el escritorio de su computadora, en páginas de Facebook y en teléfonos móviles. Estas aplicaciones gratuitas, divertidas y funcionales proporcionan noticias y boletines meteorológicos en tiempo real, sirven como reloj, cinta de cotizaciones bursátiles y calculadoras, y a veces simplemente entretienen a quienes tienen un largo viaje de vuelta a casa y a los aburridos pululantes de cubículos de oficinas.

Para explicarlo de manera simple, los widgets web (también conocidos como íconos o *badges* en inglés, gadgets o miniaplicaciones) son microaplicaciones interactivas compuestas por diminutas porciones de código que se pueden incorporar fácilmente en un sitio o un blog (por ejemplo, YouTube), u operar desde una plataforma para widgets instalada en la computadora del usuario. Este código o programa trae contenido "en vivo", como noticias, comerciales, enlaces, imágenes o videos del sitio de un tercero sin que el dueño del sitio web tenga que actualizarlo. Estos widgets se ven a menudo en las páginas de perfil de los usuarios de Facebook y otras redes sociales y pueden enviarse por correo electrónico a otros usuarios de estas redes.

Llevan más o menos una década de existencia, pero realmente despegaron en 2004, cuando las miniaplicaciones originales de Konfabulator, que solamente funcionaban en la plataforma Macintosh, por fin estuvieron disponibles para los usuarios de Windows. Con la compatibilidad entre plataformas el desarrollo y la popularidad de los widgets, éstos se dispararon a la estratósfera. Y es que dichos dispositivos proporcionaban una manera fácil de recibir actualizaciones automáticas de información, distribuidas en un "paquete" atractivo y liviano que no resultaba invasivo pero no obstante siempre estaba a la vista.

Los empresarios astutos no tardaron en darse cuenta de que los widgets eran el último grito en servicios de suscripción voluntaria: una manera barata y fácil (y, si se tenía suerte, viral) de mantener a los usuarios conectados a su marca.

Un ingrediente clave para los widgets es la RSS. La hemos mencionado anteriormente como un formato de republicación que permite que los sitios web y los blogs distribuyan su contenido actualizado y dinámico como fuentes web (o *feeds*) a los usuarios.

En lugar de tener que visitar el sitio web para ver las últimas novedades, los usuarios pueden inscribirse en la fuente web brindada por el sitio o el blog y acceder a ella a través de un lector de RSS o un agregador (por ejemplo, Google Reader, Bloglines, Feedburner). Por lo general los usuarios pueden inscribirse a las fuentes de cuantos sitios web quieran y luego acceder a todas esas fuentes y manejarlas al mismo tiempo desde su lector de RSS. Si usted logra que el widget de su marca reúna fuentes web, su aplicación será mucho más valiosa para los consumidores hambrientos de dosis convenientes de contenido empaquetado y de modo diferido.

En un artículo de *Advertising Age* que alcanzó amplia difusión, Bob Garfield se refirió a los widgets como "sitios web enlatados". Escribió:

> *"Los widgets de marca son como los 'imanes en el refrigerador' del Mundo Feliz. Llevan su mensaje comercial dondequiera que vayan. Y eso, como mínimo. Como máximo, el widget es algo así como una conexión mágica entre especialistas en marketing y consumidores; no solo reemplaza a la mensajería unidireccional que por mucho tiempo ha dominado la publicidad en los medios sino que la supera a la legua, ya que en línea, la conexión es literal y directa, y en cada paso a lo largo del camino van quedando registrados datos sobre el comportamiento, las preferencias y las intenciones [de los usuarios]. Ah, y sus consumidores meta van realmente en busca del aparatito de su marca. Ah, y lo mantienen al alcance de la mano. Ah, y envían copias a sus amigos y colegas. Ah, y como se los pasó un amigo están dispuestos a recibirlo. Y ah, si ésto no resultó suficientemente*

claro la primera vez que lo mencioné, las barreras de entrada son absurdamente bajas." [1]

Entonces ¿cuál es la trampa? Irónicamente, en todas las cosas que hacen que los widgets sean tan atractivos se encuentran las semillas de sus potenciales desventajas. Sitios del estilo "hágalo usted mismo" (DIY), como WidgetBox.com, hacen posible que "cualquiera" pueda construir un widget. Pero probablemente "no cualquiera" debería hacerlo, del mismo modo que "no cualquiera" podría o debería diseñar un sitio web corporativo o redactar piezas de publicidad directa.

Esto significa que los widgets están ahora en todas partes. Cada uno de ellos procura ser visto en un mundo sobrecargado de medios, en el que los consumidores son inconstantes y se aburren fácilmente. Como son gratis y a menudo frívolos, con frecuencia los widgets son lo primero que los usuarios borran cuando hacen limpieza en el escritorio de sus computadoras.

Algunas empresas astutas han creado widgets que han mantenido su popularidad. Todos enfatizan lo funcional, el atractivo visual y lo ingenioso. Por ejemplo:

- El widget de escritorio en 3-D *"Miles"* ("Millas") de Nike rastrea el progreso de un corredor, ofrece boletines meteorológicos oportunos de la localidad e informa sobre próximos eventos de pista, y por supuesto, también sobre promociones de Nike.

---

[1] Bob Garfield, "Widgets Are Made for Marketing, So Why Aren't More Advertisers Using Them?" (*Advertising Age*, diciembre de 2008).

• Los que eligen el widget de UPS pueden programar y rastrear sus envíos de correspondencia en un par de clics.

• El widget de Backcountry.com avisa a los compradores sobre ofertas especiales.

• Con una "anfitriona" joven y atractiva, el widget "Jennie" de Johnnie Walker dirige a los viajeros hacia los bares de moda más cercanos.

• El widget H1N1 de los Centros para el Control y la Prevención de Enfermedades de Estados Unidos llena un "paquete" engañosamente compacto con noticias, datos y consejos. Asimismo, un widget de la Administración de Fármacos y Alimentos estadounidense explica en detalle la verdad sobre "productos fraudulentos contra el H1N1", desde "antisépticos" hasta "tés".

• Un widget de "Entrenamiento de Quidditch" que promociona el videojuego "Harry Potter y el misterio del príncipe" ofrece a los jóvenes "magos en formación" la oportunidad de ganar premios y recibir "descargas mágicas".

• El Monitor de Bolsa de Fidelity Mutual es un rastreador bursátil completamente personalizable que también monitorea las noticias y las condiciones de los mercados.

Como todo lo que se relaciona con los medios sociales, la medición del rendimiento de la inversión en el diseño de un widget es una ciencia inexacta. Jodi McDermott de Clearspring, una empresa proveedora de servicios de distribución de contenido, aconseja a las empresas hacerse las siguientes preguntas:

"Cuántas veces fue descarcado el widget con éxito? ¿Cuántas veces se compartió con éxito? ¿Con qué rapidez se está difundiendo? ¿Se duplica cada n días el número de instalaciones del widget? ¿Cómo se compara esa tasa con la de otros widgets que [su empresa] ha lanzado? El número de 'días para duplicarse' es un parámetro interesante que irá bajando con el paso del tiempo, pero es una buena medida para comparar la velocidad de distribución de widgets".[2]

En 2008, Sony rebautizó sutilmente su widget de Facebook "Vampiros" para promocionar la película de terror *30 Días de noche (30 Days of Night)* e incluyó un sorteo para intentar incrementar el interés. Antes de empezar el sorteo, había establecido como su indicador de éxito una tasa de 10.000 visitas. Recibió casi 60.000. El estratega de Silicon Valley Jeremiah Owyang atribuye el éxito del widget al desarrollo discreto y bien integrado de la marca; al valor real ofrecido en forma de un sorteo generoso; y a la pareja perfecta formada entre el widget y el público.[3]

Las prácticas óptimas del marketing mediante widgets enfatizan el sentido común y el enfoque en los usuarios:

- Trate de responderse las siguientes preguntas: ¿Por qué alguien querría descargarlo? ¿Qué problema resuelve? ¿En qué puede facilitarle la vida a alguien?

- Mantenga la simplicidad: no pida a los usuarios sus direcciones de correo electrónico u otra información personal. Es

---

[2] Jodi McDermott, "Measuring the Virality of Widgets" (*Online Metrics Insider Magazine*, agosto de 2008). http://www.mediapost.com/publications/?fa=Articles.showArticle&art_aid=89036
[3] Jeremiah Owyang "Case Study: How Sony Leveraged a Popular 'Vampire' Facebook Widget to Reach Its Community" (enero de 2008).
http://www.web-strategist.com/blog/2008/01/29/case-study-how-sony-leveraged-a-popular-vampire-facebook-widget-to-reach-its-community/

mucho más probable que descarguen un widget que es completamente gratuito, sin cargo ni compromiso.

• Facilite que los usuarios compartan el widget con amigos. Si es posible, incluya en el programa un menú que facilite compartir el widget a través de plataformas como Gigya y Clearspring. (Estas plataformas permiten también que usted rastrée la popularidad de sus widgets, así como otros aspectos de la actividad de los usuarios.)

• Permita que los usuarios personalicen el widget.

• Asegúrese de que su widget sea compatible con varias plataformas y pruébelo una y otra vez. Esto puede significar que será necesario ofrecer su widget en múltiples versiones (por ejemplo, Google, Yahoo, iPhone).

• Manténgalo pequeño, tanto en el tamaño físico (piense en el tamaño de una tarjeta de crédito) como en la memoria necesaria para ejecutarlo.

• Asegúrese de que tenga una entrada en los directorios y las galerías de widgets como Widgetbox y iGoogle.

• Los widgets pueden soportar audio y video, pero no establezca la "reproducción automática" como configuración predeterminada. Deje que los usuarios decidan cuándo escuchar y mirar.

"Los widgets deberían ser parte de una estrategia de largo plazo", explica Kailee Brown de Ignite Social Media:

"No es razonable desarrollar un widget para una campaña de dos semanas. Además, es necesario considerar lo que va a pasar con el widget una vez terminada la campaña. Nunca debería dejar abandonado un widget. No hay nada peor que encontrar un widget que uno quiere y luego darse cuenta de que no funciona. Eso no contribuye a la preferencia de la marca. Si usted desarrolla bien un widget, siempre estará disponible y será útil. Y créame, entonces se beneficiará de que su widget se siga instalando a través del tiempo".[4]

Clearspring aconseja lo siguiente a los desarrolladores de widgets: "Que sea una aplicación, no un aviso publicitario". Recuerde, su marca le importa más a usted que a los potenciales usuarios. El widget debe ser primero funcional y luego una técnica para desarrollar la marca.

Todo el mundo espera que su widget "se vuelva viral", pero no siempre es posible. La mayoría de los escritores que sueñan con que Cristina lea el libro que escribieron y luego los invite a su programa tampoco logran cumplir su deseo. No se puede inventar o comprar un éxito "viral". Sea realista.

Con la explosión de las ventas de celulares y teléfonos inteligentes, el futuro de los widgets será global y móvil. Un informe de 2009 sobre tendencias futuras predice la adopción cada vez más rápida de widgets móviles. La enorme popularidad de las apli-

---

[4] Kailee Brown, "8 Questions to Ask When Developing Widgets for Social Media Marketing" (Ignite Social Media Agency, abril de 2009). http://www.ignitesocialmedia.com/8-questions-to-ask-when-developing-widgets-for-social-media-marketing/

caciones para el iPhone y sus numerosos imitadores no muestra señales de disminuir en un futuro cercano, así que los especialistas en marketing tendrán que estar a la vanguardia.[5]

Google, el gigante de las búsquedas, es percibido como "un canal de distribución clave para los widgets móviles" y considera que "el desarrollo de aplicaciones para la web es el futuro de las plataformas móviles exitosas".

Como sucede con todas las tendencias tecnológicas que se siguen evolucionando, el futuro de los widgets y su uso en los medios sociales y el marketing se encuentran en un estado de fluctuación constante. Con ésto en mente, ¿podemos recomendar un widget diseñado para mantener a los especialistas en marketing al día con los widgets? ¡Esa sí que sería una descarga popular!

---

[5] De *Business Wire*, "Research and Markets: Mobile Widgets Market: Current and Future Trends, Key Drivers, Players, Issues and Recommendations" (agosto de 2009). http://www.researchandmarkets.com/research/6b3782/mobile_widgets_mar

18

El streaming de la marca del producto: manejando entradas y salidas

ARA QUIENES SON NOVATOS en el espacio de los medios sociales, el lifestreaming probablemente sea el último ítem en la lista de medios sociales para tomar en consideración, pero podría ser el mejor punto de partida. Wordspy define el lifestream como "un archivo virtual de las actividades cotidianas de una persona [tanto en línea como fuera de línea], ya sea mediante señal de video en directo o mediante la agregación del contenido que esa persona maneja en la web, por ejemplo, sus entradas en blogs, las actualizaciones en su red social y sus fotos en línea".

Expertos como Steve Rubel, de Edelman, una empresa internacional de relaciones públicas, han migrado a esta forma de generar contenido como el medio más eficaz de crear una presencia virtual penetrante, unificada y manejable. Para ello, se pueden utilizar aplicaciones como FriendFeed y Posterous.

El blogger Michael Fruchter ofreció esta descripción general de lifestreaming en septiembre de 2008:

> *Pensaba en todos los datos que incorporamos en un lifestream. ¿Qué dicen esos datos sobre nosotros? ¿Qué valor tienen en manos de la empresa adecuada? Los marcadores de favoritos son muy reveladores del modo de pensar, las costumbres y los intereses de una persona, y se puede interpretar lo mismo de los datos que incluimos en un lifestream. La huella digital de una persona es una potencial mina de oro de datos para muchos negocios.[1]*

Desde el punto de vista del marketing, monitorear la actividad de los consumidores adquirirá un nuevo significado cuando esta actividad esté filtrada a través de sus lifestreams. Así que, para el equipo de marketing, con una simple adaptación de esta herramienta originalmente diseñada para transmitir de manera inmediata el día normal de Fulano de Tal como un recuento personal y dinámico, es posible convertirla en una forma de exhibir una marca de un modo concentrado y guiado por el impacto que se desea generar. Y ¡voilà! tenemos el llamado streaming de la marca. Marcas como Nissan, Dairy Queen, Microsoft y Ford son solo algunos ejemplos de empresas que han implementado este nuevo medio.

Una de las opciones más fáciles para el streaming de una marca es crear una identidad virtual de marca consistente y reunir todo el contenido en un único lugar centralizado, para así contar mejor su historia y fomentar la interacción del público con su contenido.

Desde la perspectiva del manejo del contenido, las empresas que entran en el espacio de los medios sociales perciben rápidamente la necesidad de simplificar la difusión de mensajes a través de varios sitios de redes sociales. Además de depender del

---

[1] Mike Fruchter on Social Media, "What does your digital fingerprint say about you?" (septiembre de 2008). http://www.michaelfruchter.com/blog/2008/09/what-does-your-digital-fingerprint-say-about-you/

tipo de organización y mensajes, la decisión de qué plataforma de lifestreaming utilizar estará sujeta a la necesidad de actualizar en forma remota desde un dispositivo móvil en lugar de directamente del correo electrónico, de su computadora o la web.

El diseño del stream de una marca no es una ciencia exacta, en el sentido de que, como con cualquier otro aspecto del marketing, la mezcla dependerá de la naturaleza de la marca y de sus objetivos finales. Se puede pensar en incluir noticias corporativas, información sobre la organización, contenido elaborado por los directores ejecutivos sobre el estado del sector, tendencias o perspectivas o incluso la propia cultura corporativa, sobre la cual una empresa podría producir un flujo de contenido del estilo "un día en la vida".

El streaming de la marca está enfocado en la idea de organizar el contenido de una variedad de medios y presentarlo en una plataforma totalmente integrada que ofrece fácil acceso a los consumidores. ¿Por qué es que ésto se está volviendo importante? Porque lo que se se observa es que tiende cada vez menos a acceder al contenido directamente en su lugar de publicación. En cambio, se accede a él a través de la agregación mediante RSS, páginas de inicio personalizadas, redes sociales, widgets, lectores y plataformas diseñadas específicamente para agregar y organizar información.

Según las estadísticas, la demanda de páginas de inicio personalizadas es aproximadamente 60% y está creciendo (Avenue A|Razorfish).[2] Frente al aluvión de aplicaciones de redes sociales, fuentes de información y sitios de contenido que están disponibles, manejar el flujo diario puede convertirse de repente en una tarea imposible. El apetito del consumidor por el contenido de calidad

---

[2] Razorfish, "Consumer Experience Report" (2008).
http://www.slideshare.net/andre4e/razorfish-consumer-experience-report-2008-presentation

no ha disminuído, pero ahora lo quieren servido en un buffet y entregado directamente en su mesa.

Por el lado corporativo, los especialistas en marketing están entusiasmados porque el lifestreaming y el streaming de la marca brindan una enorme cantidad de datos sobre el comportamiento del consumidor que podrán explotar y analizar. El streaming de la marca permite la mezcla de blogs tradicionales, redes sociales, sitios para compartir fotos y videos, microblogs y más aún dentro del enmarque de una presencia conglomerada de contenido interactivo y que se puede compartir.

Una de las plataformas más populares es Posterous, que permite a los usuarios subir cualquier formato de contenido, incluyendo video, fotos, tweets y más. Lo atractivo de esta aplicación es que se puede manejar todo por correo electrónico.

FriendFeed es otra plataforma semejante que permite a los usuarios crear, publicar y compartir su contenido mediante una multitud de canales. De modo similar, Tumblr posibilita la publicación de multimedia en una amplia variedad de sitios desde un dispositivo móvil, una computadora de escritorio o el correo electrónico. Y luego existe Lifestrea.ms, que está descrita de esta manera en la web:

> *Piense en LifeStrea.ms como un cliente totalmente nuevo de correo electrónico basado en la web, que reúne todo tipo de mensajes de una amplia selección de redes sociales.*
>
> *Recibirá todas las actualizaciones de Twitter de sus amigos, sus mensajes de Facebook y sus más recientes fotos de MySpace, todo en el mismo lugar.*
>
> *Esta plataforma le permite al usuario comentar, recibir comentarios, publicar, contestar, reenviar y actualizar un*

sinnúmero de redes sociales, y esto le ahorra el esfuerzo de acceder a cinco sitios distintos para enviar la misma actualización.[3]

La lista de sitios de lifestreaming y streaming de la marca es casi infinita, pero la lección es una sola: la cantidad de sitios a los que los consumidores tienen, quieren o necesitan acceso es insostenible. El lifestreaming tiene tanto que ver con la necesidad como con la conveniencia, y los especialistas en marketing astutos ya se están infiltrando en estas aplicaciones ahora, mientras que muchos consumidores están todavía tratando de distinguir la diferencia entre un seguidor y un fan.

Como siempre, el flujo de su marca tendrá altibajos según las reacciones de los consumidores. Seguramente tendrá que eliminar flujos que crean más confusión que contenido y agregar conexiones que despierten más interés. Pero de nuevo, no espere que los consumidores vengan simplemente porque usted armó un stream de la marca.

Si decide utilizar el sitio de un tercero, tendrá que promocionarlo en otros sitios y lugares; no sólo en sus campañas de marketing, sino en sus comunicados de prensa tradicionales y los que publican en los medios sociales, en el boletín de la empresa, en el sitio web principal de su marca y en la publicidad directa al consumidor.

Tenga presente que como el streaming de la marca equivale a bloguear en tiempo real, el compromiso que demandan las actualizaciones y el contenido permanente seguramente se va a incrementar, incluso si esta herramienta le permite simplificar el proceso.

---

[3] http://lifestrea.ms/

PARTE III

Muestre sus cartas

L A MAYORÍA DE LAS EMPRESAS comprenden que es necesario tener una presencia en los medios sociales y saben que deben mostrar resultados tangibles. A menudo ésto las lleva a correr en busca de fans y seguidores, a expensas de comprender cómo su participación en los medios sociales cambiará para siempre no sólo la forma en que los consumidores perciben la marca, sino también la forma en que la propia compañía la percibe. Esto último es un resultado directo de la planificación meditada, la implementación cuidadosa y el saber cuándo lanzar sus esfuerzos —es decir, saber cuándo y de qué manera poner en juego todos los elementos en una convergencia que permita que su marca domine dentro de su actividad—. E incluye también pensar, antes de empezar, de qué manera va a medir el éxito de sus esfuerzos.

19

Abastecimiento de recursos para la Web 2.0: el equipo de medios sociales

CUANDO SE TRATA DE UTILIZAR los medios sociales, las empresas de hoy no enfrentan la cuestión de *si* hacerlo o no, sino de *cuándo* y *cómo*. En nuestro trabajo con clientes de una gran variedad de sectores, hemos descubierto que a muchos les cuesta establecer los parámetros óptimos para lanzar una campaña exitosa de medios sociales. Por ejemplo, hacen preguntas como "¿Cuántas personas habrá que dedicar a este esfuerzo?" y "¿Cuántos empleados de la empresa tendremos que asignar y cuál será el compromiso temporal?"

Si bien las respuestas variarán dependiendo de las particularidades de su empresa, una vez que se han decidido un plan y una política, llega la hora de organizar a su equipo para establecer, monitorear y desarrollar la presencia en la web.

La palabra clave es "equipo". Es imprudente cargar "ese asunto de los medios sociales" en un solo empleado, por más entusiasta o experto en tecnología que sea. Nadie tiene por sí solo la experiencia necesaria en relaciones públicas *y* marketing *y* servicio al cliente como para poder interactuar eficazmente con todas las personas que va a "conocer" en línea.

Y recuerde: puede ser que un día ese empleado deje de ser su empleado. Cuando los empleados que se encargan de los medios sociales se marchan, se van con ellos todos sus conocimientos íntimos del "universo" virtual de la empresa, junto con todos sus rasgos particulares no transferibles y la caja de cartón llena de fotos y tazones. Entonces, como para cualquier otra iniciativa astuta de marketing corporativo, su empresa va a necesitar una disponibilidad adecuada de recursos humanos excelentes.

ATENCIÓN: como a menudo las cuentas son configuradas por un empleado que usa para ello su propia dirección corporativa de correo electrónico (o incluso a veces la personal), no es inusual que una empresa descubra inesperadamente que se ha quedado fuera de sus propios sitios de medios sociales, "en la calle y sin llavín". Y ésto puede suceder de una manera bastante inocente; por ejemplo, si una empresa tiene que establecer varias cuentas de redes sociales, muchas veces ésto implica la necesidad de tener varias direcciones de correo electrónico. Entonces, en lugar de crear cuentas empleando direcciones de personas, el paso más inteligente es crear múltiples direcciones y contraseñas corporativas para el uso del equipo de medios sociales. Los datos de las cuentas deben almacenarse en un lugar seguro y protegido con contraseña, pero deben ser accesibles y conocidas por todo el personal que las necesite.

Como en cualquier otro acceso propietario, el personal que deja la empresa no debería llevarse consigo su acceso a las cuentas corporativas de medios sociales. Trabaje con su equipo de TI para desarrollar un método infalible para evitar que sus ex empleados puedan acceder, y eventualmente sabotear, estas plataformas. Desde el comienzo, configure y ponga su marca en todas las cuentas de medios sociales utilizando direcciones corporativas de correo electrónico, y no empleado@gmail.com. Además, todos los contratos de empleo deberían especificar que es la empresa, y no el empleado, la dueña tanto del acceso a las cuentas de medios sociales como del contenido. También es aconsejable que su departamento de recursos humanos se mantenga al día en cuanto a las normas legales específicas, que están constantemente evolucionando.

El trabajo en equipo es esencial porque todo lo que se aprende a partir de los esfuerzos en medios sociales es inútil si no se difunde a través de toda la organización. Así, el departamento de servicio al cliente debe saber que se han recibido quejas en forma persistente a través de Twitter, del mismo modo que el departamento de relaciones públicas tiene que leer la entrada mordaz publicada por algún blogger influyente. Es más probable que cada departamento ponga manos a la obra si está participando activamente en los medios sociales que si sólo recibe un informe semanal más que no tiene tiempo para leer.

Por eso, según aconseja Chris Brogan, presidente de New Market Labs, asegúrese de que su equipo de medios sociales sea realmente un equipo en la praxis y no sólo en el organigrama. Brogan comenta:

"A veces una empresa tiene algunos empleados más [involucrados en el trabajo con los medios sociales], pero entonces son sólamente sombras de las funciones de la persona principal que lo hace. No se arma un equipo sólo con emplados de construcción.

"Estamos armando un grupo de jugadores independientes en el campo cuando lo que se necesita es una metodología de equipo con todo tipo de puntos de encuentro, conectores del sistema y canales de comunicación/estrategia más profundos."[1]

El creciente consenso entre los expertos de medios sociales como Brogan es que la alternativa óptima en cuanto al personal es juntar un equipo de gente que ya esté trabajando en varios departamentos de la empresa. Empiece con un grupo tan grande como sea posible; será más fácil eliminar miembros más tarde que agregarlos a posteriori. Fije un horario regular de reuniones, quizás semanalmente, para el trabajo en conjunto. En estas reuniones mirarán tanto hacia el futuro como hacia el pasado: en lugar de simplemente recitar el número de visitas al blog durante la semana anterior, pida informes sobre eventos pendientes, promociones o lanzamientos de productos, y después genere una lluvia de ideas sobre la mejor manera de utilizar los medios sociales para promocionarlos.

Para asegurar el cumplimiento de estas metas, es primordial establecer un calendario editorial para los medios sociales. Como mínimo, éste debería incluir las actualizaciones estándares de contenido (por ejemplo, publicar una entrada semanal en el blog; un número mínimo de tweets diarios; el horario de actualización para Facebook; quién se encargará de cada tarea; etc.). Si usted no está preparado para priorizar estos resultados concretos como lo haría con cualquier otro elemento de marketing, comunicaciones o relaciones públicas, sus esfuerzos quedarán como iniciativas esporádicas y secundarias.

Teniendo siempre como referencia su política de medios sociales, establezca desde un principio qué miembros del equipo están autorizados a participar en línea y de qué manera lo van a

---

[1] Chris Brogan, "Social Media Needs To Become a Team Sport" (noviembre de 2009). http://www.chrisbrogan.com/social-media-needs-to-become-a-team-sport/

hacer, así como de qué manera van a enfrentar los nuevos retos cuando se presenten. En una empresa grande, según Amber Naslund, autora de *Building a Social Media Team (Construir un equipo de medios sociales)*, deberían estar representados en el equipo los departamentos de comunicación corporativa y relaciones públicas, marketing, manejo de marcas y productos, servicio al cliente, desarrollo de negocios y ventas, recursos humanos, TI y relaciones legales y/o relaciones con los inversionistas.

"Pero para una empresa más pequeña que no tiene departamentos grandes e independientes" —sigue Naslund— "probablemente será suficiente tener una o dos personas que recojan información, a través de las herramientas de monitoreo, que informen al resto del equipo consistentemente sobre lo que está ocurriendo."[2]

(Naslund agrega que demasiadas empresas se empantanan al comienzo del proceso preguntándose dónde insertar los medios sociales en su organigrama. Esas preguntas le importan más a la organización que a sus clientes, quienes sólo quieren recibir un trato profesional por parte de quien lea sus tweets o sus comentarios en el blog.)

Tener un equipo también significa hacer algo más que simplemente rastrear las menciones a su marca en la web, "apagar los incendios" del departamento de servicio al cliente y buscar comentarios negativos en el blog corporativo. Para las grandes empresas, la participación del equipo en los medios sociales inspira y facilita promociones especiales y ejercicios para incrementar la base de fans, actividades para las que un único empleado nunca podría dar a basto.

---

[2] Amber Naslund, "The Social Media Team Toolkit: Listening" (abril de 2009). http://altitudebranding.com/2009/04/the-social-media-team-toolkit-listening/

Por ejemplo, la página de fans de Harley-Davidson en Facebook presenta 9.000 fotos de motos con sus dueños; y el parque de diversiones estadounidense Six Flags duplicó y más su número de fans en Facebook después de convocar a votar por la montaña rusa favorita. En el sitio de Starbucks, los clientes pueden sugerir ideas y votar a favor de sus propuestas favoritas, y algunas de estas ideas han sido adoptadas por la compañía. Dell mantiene una variedad de plataformas en línea; incluso tiene su propia "isla corporativa" en el mundo virtual Second Life.

Esa es otra razón por la cual los expertos como Naslund y Brogan suelen aconsejar a las empresas no contratar si es posible a terceros para llevar adelante las tareas de medios sociales. Es poco probable que un empleado de media jornada, un "blogger fantasma" o un asesor externo que no esté comprometido estrechamente con la empresa entienda la cultura corporativa y así la represente auténticamente en línea.

Lo ideal es el trabajo en equipo, pero para ser realista, contratar o entrenar a una sola persona para manejar los medios sociales puede ser la única opción que algunas empresas tienen por el momento. Cada vez más, una figura recién acuñada, el "animador de comunidad" o "gerente de comunidad" es quien se encarga de todas las responsabilidades de los medios sociales corporativos para una empresa.

"El gerente de comunidad es el administrador de la marca dentro de la comunidad de socios y clientes actuales y potenciales a los que su empresa sirve", explica Dana VanDen Heuvel. "Son los promotores, embajadores y administradores de la marca, todo en una sola persona."[3]

---

[3] Dana VanDen Heuvel "Hiring for Social Media Positions" (Inspire Blog, septiembre de 2009). http://www.smartmarketers.com/2009/09/hiring_for_social_media_positi.html

Diplomáticos y talentosos, los gerentes de comunidad son los encargados de escuchar y comunicarse a través de todos los canales en línea, no sólo con los clientes sino con otras empresas del mismo sector. Establecen avisos de rastreo en línea que buscan palabras clave específicas, se mantienen al día con las últimas tendencias y desarrollos técnicos y léen y comentan en los blogs. El candidato perfecto para el puesto de gerente de comunidad es alguien que siempre está listo para preguntar "¿Cómo puede mi empresa ser útil, relevante y servicial para la comunidad a la que nos dirigimos?" dice VanDen Heuvel. "Es esencial una actitud generosa, compasiva y 'predispuesta a educar'; también son esenciales destrezas técnicas, interpersonales y de gerencia de proyectos y equipos."[4]

Brogan sugiere que se mida el desempeño laboral de este gerente de acuerdo con las siguientes medidas:

• Responde a comentarios en blogs y a otros mensajes en menos de 24 horas.

• Publica comentarios significativos en blogs, sitios de videos y otros "lugares de encuentro" en línea apropiados para el sector de su negocio.

• Ha aumentado el número de suscriptores, comentarios y enlaces a las propiedades virtuales de la empresa.

• Publica información de alta calidad en el blog corporativo y crea enlaces a otras entradas interesantes en la web.

---

[4] Ibid.

• Sus esfuerzos aumentan el número de enlaces de otros sitios al blog o sitio web de la empresa.

• Sus esfuerzos han ayudado a incrementar la asistencia a eventos corporativos, las suscripciones al boletín corporativo u otras medidas de éxito.

Kipp Bodnar, Gerente de Marketing Social y colaborador de la revista *Digital Capitalism*, cree que todo candidato para el puesto de gerente de comunidad debe poder contestar afirmativamente las siguientes preguntas:

• ¿Ha ayudado a otras empresas a usar los medios sociales en el pasado?

• ¿Participa activamente él mismo? (blog, podcast, Twitter, etc.)

• ¿Contestó la pregunta "¿Qué es lo primero que haría usted como jefe de medios sociales en [empresa X]?" con una referencia a la investigación y el monitoreo?

• ¿De qué maneras consume información? (Debería incluir RSS, blogs, podcasts, FeedReader, la agregación y búsqueda de Twitter en sus respuestas.)

• ¿Ha trabajado con o para agencias externas en campañas de medios sociales?[5]

---

[5] Kipp Bodnar, "Uncase Study: How Aflac Should Assemble a Social Media Team to Build for Long-Term Success" (Digital Capitalism Blog, febrero de 2009). http://digitalcapitalism.com/2009/02/building-an-corporate-social-media-team

Bodnar advierte: "Si la persona que usted está entrevistando dice que es un experto en todos los aspectos de los medios sociales, es una advertencia que ahí concluye la entrevista obviamente es un impostor, no un candidato."[6]

Los autoproclamados "expertos en medios sociales" están surgiendo a un ritmo predeciblemente rápido. No hay credenciales reconocidas en este campo: no existe una Licenciatura en Medios Sociales (todavía). Irónicamente, en este nuevo mundo feliz e inexplorado, la sabiduría dicta apoyarse en las normas de los "recursos humanos" a la antigua: referencias excelentes, una combinación de conocimientos técnicos y destrezas interpersonales y una carpeta de trabajos impresionante. Como lo expresa Kipp Bodnar, "Los medios sociales son nuevos, pero las reglas de contratación, no."

---

[6] Ibid.

20

¡Es la medición, tonto!

NTES DE INVERTIR TIEMPO y dinero en lanzar sus esfuerzos en los medios sociales, debería establecer un sistema de rastreo de actividad. Hay varios programas que lo facilitan, desde algunos que sirven para una sola aplicación hasta los que manejan varias aplicaciones y lifestreaming. Estos últimos pueden rastrear y capturar en un solo flujo toda la variedad de las actividades en los medios sociales de un usuario.

Sin embargo, no todas la aplicaciones de rastreo —gratuitas o pagas— pueden cubrir la gama completa de medios sociales (por ejemplo, algunas pueden rastrear varias cuentas en Twitter pero no pueden rastrear Facebook, etc.), así que es muy probable que se requiera más de una herramienta de medición para evaluar cada aspecto importante de su rendimiento potencial.

Cuanto más dinero y esfuerzo asigne a los medios sociales, mayores rendimientos querrán ver sus jefes. Nadie quiere arrojar recursos valiosos (incluso su tiempo) al abismo, y ésto es válido en cualquier economía. Es por eso que es importante tener una estrategia desde el comienzo para medir la eficacia de sus esfuerzos.

Todavía escuchamos a empresas que dicen: "Bueno, primero vamos a ponerlo en marcha y luego pensaremos en el rastreo". Pero el momento para pensar en sus métricas (las estadísticas según las cuales se determinará el éxito y las herramientas que se utilizarán para obtenerlas) —y en las de sus competidores— es en realidad al comienzo.

En medio del tumulto para subirse al tren de los medios sociales, para crear una presencia, producir contenido y reunir consumidores según sus intereses, los especialistas en marketing y comunicaciones deben tener presente uno de los rasgos más atractivos de este espacio: todo se puede medir.

Algunas de las métricas típicas que usted puede considerar, de acuerdo con sus objetivos, son:

- Tiempo en el sitio (Time On Site o TOS)
- Número de menciones en blogs
- Número de evaluaciones positivas/negativas de productos
- Número de comentarios sobre el contenido
- Número de piezas de UGC subidas (por ejemplo, videos)
- Tasa de clics al sitio
- Rendimiento de la inversión (tiempo, dinero)

Con fin de aprovechar la riqueza disponible en este ambiente, debe tener alguna idea de lo que quiere ganar a partir de su inversión en los medios sociales. ¿Quiere hacer más conocida su marca, encontrar nuevos clientes o interactuar con sus clientes actuales para crear mejores productos? ¿Qué tipo de rendimientos quiere? Determinar su grado de éxito a través de la medición en los medios sociales puede ser un proceso complicado en muchos niveles. Si tiene un plan y sabe qué quiere lograr con sus esfuerzos, diseñará un abordaje de marketing mucho mejor.

El primer conjunto de datos es directo y fácil de medir. Si crea un perfil en Facebook, por ejemplo, puede comenzar por medir cuántos amigos tiene después de algunos puntos de referencia: el día primero; el día treinta; después de tres meses. Pasado cierto tiempo, el crecimiento puede disminuir, a medida que usted reúna a los usuarios que son leales y a quienes les entusiasma ser parte de su comunidad.

Lo mismo se puede decir de Twitter: puede empezar con un crecimiento rápido, que finalmente llega a un máximo. Aunque puede resultar grato el poder decirle a sus colegas "¡Tenemos 10.000 fans!", no se puede medir el éxito solo por el número de "amigos" o "seguidores", que están indicados de manera ostensible en el sitio mismo de Twitter para que usted y los demás clientes los vean. El próximo paso es medir su participación.

En este caso también los servicios mismos proporcionan alguna parte de esta información. Entradas en el muro y comentarios en las discusiones de Facebook le indicarán si está interactuando adecuadamente con otras personas en el sitio. La página principal del servicio de Facebook también muestra la eficacia de su página y le ofrece sugerencias para mejorarla.

Las menciones en Twitter son otra indicación de referencia; estas provienen de retweets —cuando los usuarios republican en sus propias fuentes lo que usted ya había publicado— o de menciones a la marca, señaladas con el símbolo "#". Este símbolo o hashtag funciona como una señal de que su tweet trata sobre un tema en particular.

Se puede rastrear la frecuencia de menciones y el uso de un hashtag con servicios como Tweetdeck, Hootsuite y Monitter.

Twitterholic puede ayudarlo rastrear el crecimiento de su fuente en Twitter; Twitter Search y Retweet pueden ayudarlo a ver con qué frecuencia se menciona su nombre, y Twitalyzer analiza el tono y la frecuencia de las menciones de su marca y la eficacia de sus entradas.

Lo mismo sucede prácticamente con todas las aplicaciones de redes sociales basadas en la web: la mayoría de los servicios de manejo de blogs ofrecen alguna información básica sobre números de usuarios y vistas a la página; además, Youtube y Brightcove también proporcionan datos analíticos.

Google Analytics sigue siendo la mejor herramienta para el análisis más complejo. Este servicio gratuito es el estándar de la industria y permite que usted rastrée todo tipo de información sobre el sitio web de su empresa. Para poder utilizarlo, es preciso poder agregar el código del programa Analytics al código de su sitio; por éso, no funciona en Twitter o Facebook —¡por el momento!—, pero funcionará en cualquier red que desarrolle su empresa y en sus blogs.

Utilizando Analytics, usted puede ver quiénes visitan su sitio, de dónde vienen, cuáles son los términos de búsqueda y las palabras clave que conducen a la gente a su sitio, dónde se ubican geográficamente los usuarios, cuánto tiempo pasan en su sitio, cuántos enlaces siguen, y cuáles, y un montón de otros datos útiles para los desarrolladores de sitios web.

Poder rastrear no solo las vistas a la página sino la captación de clics y el tiempo en el sitio es útil para saber qué es lo que los usuarios encuentran más interesante en su sitio. Google Analytics también se puede incorporar a otros sitios —ya sea agregar Analytics a la barra de herramientas de su navegador, o combinarlo con Ad Sense, el software de Google para hosting de avisos— para medir la eficacia de las campañas comerciales y las conversiones.

Otros sitios, como Digg y Stumbleupon, indican la popularidad (o no) dentro de sus comunidades de un determinado contenido incluido en su sitio, mientras que Technorati mide algo llamado la "autoridad del sitio", o en esencia, la fuerza de su marca en Internet. Cuanto más bajo es su número de "autoridad", más fuerte es su sitio.

Todos estos datos crudos pueden probar si los usuarios están visitando su sitio e interactuando con él, pero puede ser difícil —aunque no imposible— convertirlos en un gran rendimiento de su inversión. Por ejemplo, en junio de 2009, Dell anunció que sus ganancias generadas directamente a través de Twitter desde 2007 —cuando la empresa empezó a enviar tweets sobre descuentos, promociones y nuevos productos — ascendieron a US$ 3 millones. También reportó otro millón en ganancias de su sitio Dell Outlet en un período de seis meses, que atribuyó directamente a clientes que llegaron al sitio a través de la cuenta de Twitter.

Puede tomar tiempo, por ejemplo, que el crecimiento de la presencia en la web produzca un aumento claro en las ventas para algunas marcas. La superposición directa de los datos sobre ventas puede sugerir tales tendencias, como en el caso de Dell. Pero el valor del aumento en la participación en las redes de medios sociales puede tener otros beneficios. Esa presencia puede traducirse en la satisfacción del consumidor, nuevas tendencias en su actividad o en la prensa y mejoras en el servicio al cliente.

Dirigiéndonos hacia el otro extremo —o sea, cómo lucen su negocio y su sector vistos desde afuera, y de qué manera (por ejemplo, el zumbido que genera)— hay varios productos disponibles. Social Mention, por ejemplo, funciona como Google

Alerts. Usted introduce un término de búsqueda y el sitio le muestra qué información relacionada se está intercambiando a través de las redes sociales y de qué maneras se está haciendo.

Trendrr, una plataforma que analiza los medios sociales en tiempo real, es un servicio pago utilizado por empresas de relaciones públicas, agencias de publicidad, campañas políticas y corporaciones gigantescas como Microsoft y Verizon, una compañía de telecomunicaciones, cable e Internet. Trendrr rastrea amplias fuentes en línea para encontrar tendencias a través de más de 50 conjuntos de datos (por ejemplo, redes sociales, niveles de influencia, opinión y más). Estas tendencias permiten a las empresas tomar decisiones basadas en una resúmen singular de variables relevantes.

Radian 6, otro servicio pago y utilizado por corporaciones como Pepsi, Dell y Comcast, ofrece información en tiempo real; incluso identifica a usuarios influyentes, y va más allá del simple rastreo para permitir la interacción con los clientes a través de distintas plataformas.

Claro que hay servicios pagos que simplifican aun más la tarea de los especialistas en marketing, aunque por un precio. Omniture, de Adobe, ofrece varios paquetes de análisis de datos, incluso recomendaciones para mejoras basadas en esos mismos datos.

Entre los productos de Nielsen, la empresa que rastrea los ratings de programas de televisión en EEUU, se encuentran NetRatings, BuzzMetrics y Analytic Consulting, aplicaciones que ayudan a examinar y también a organizar la información. Rastrean a través de más del 90% del uso global del Internet con el propósito fin de identificar tendencias y prácticas óptimas. Para la mayoría de las empresas, sin embargo, el costo de estos servicios puede resultar excepcionalmente prohibitivo.

Herramientas como Trendpedia pueden ser también muy útiles. Esta herramienta gratuita permite a los usuarios identificar tendencias en los medios sociales con solo teclear palabras clave y hacer clic en "*Search Trend*" ("Buscar tendencias"). Entrega artículos publicados en blogs en una línea de tendencias que muestra la popularidad de un tema según el paso del tiempo (en la actualidad, solo puede rastrear los últimos tres meses).

Esta herramienta y otras le permitirán no sólo evaluar su éxito en relación con sus propios objetivos sino también compararse con sus competidores, averiguando cuánto zumbido reciben y en qué redes sociales.

Es importante enfatizar que las mediciones en los espacios de medios sociales deben ser leídas con parámetros diferentes de los que se utilizan para los medios tradicionales. Mientras que para el correo directo habríamos medido el éxito basándonos principalmente en el volúmen, en los medios sociales puede parecer mucho más pequeño en términos de cantidad de seguidores o fans, pero puede tratarse de un grupo clave de consumidores altamente comprometidos que estarán encantados de escribir en blogs, enviar tweets y crear podcasts en nombre de su marca. Misión cumplida.

Según las dimensiones de su campaña y su presupuesto, además de los servicios gratuitos que han proliferado para analizar las mediciones de los medios sociales, la mejor opción puede ser hacerlo por su propia cuenta. Usted conoce las necesidades de su empresa, y a través de los sitios de redes sociales y las aplicaciones de terceros como Google Analytics, tendrá al alcance de la mano toda la información que necesita para evaluar si está cumpliendo con sus objetivos y para saber cómo adaptar su estrategia a medida que crece su presencia en línea.

21

Reforzando las Unidades de Fuerzas Especiales

L AS RELACIONES PÚBLICAS y las relaciones con los medios de comunicación han cambiado de una manera asombrosa con el advenimiento de los medios sociales. Los departamentos de relaciones públicas corporativas han evolucionado desde los días en que todo era cuestión de ponerse en contacto con un agente de relaciones públicas, tratar de enganchar al público con una historia interesante o enviar un comunicado de prensa en video con la esperanza de ganar unos minutos de atención en el noticiero de la tarde. Las relaciones públicas siguen desempeñando un papel importante en la estrategia de marca de una empresa, pero algunas de sus tareas fundamentales, como la de atraer atención publicitaria, han cambiado de manera drástica.

Por su parte, las empresas necesitan prestar más atención a la manera en que manejan sus relaciones con los medios de comunicación tradicionales. En particular, tienen que cuidar cómo manejan sus salones de prensa virtuales, ya que éstos pueden convertirse en el factor determinante para los canales periodísticos que buscan acceso, y un acceso activo. Las empresas que ofrecen "golosinas" ricas en contenido —por ejemplo, fotografías en alta y baja resolución, la posibilidad de programar entrevistas con la gerencia sénior con sólo hacer un clic, consultas a los expertos y más— obviamente tomarán la delantera cuando se trate de lograr publicidad en los medios.

A fin de que se familiarice con los cambios principales, lo llevaremos en una "excursión" por los cambios globales de perspectiva en las relaciones públicas y en las relaciones con los medios de comunicación. También dedicaremos algunos comentarios acerca de las relaciones con los inversionistas.

LAS NUEVAS RELACIONES PÚBLICAS A LA ANTIGUA

En la Edad Medieval, en cuanto a las comunicaciones corporativas —o sea, las últimas décadas del siglo XX— las relaciones públicas obedecían reglas estrictas para lograr resultados bastante predecibles. Piense, por ejemplo, en comunicados de prensa: todos los que estaban metidos en el negocio de atraer a la prensa sabían que sólo se enviaban cuando había "un noticón". Es más, ningún comunicado estaba completo sin una "cita" inventada y llena de jerga que se atribuía al CEO. ¡Sin olvidarse de la foto con dos personas sonrientes en un apretón de manos, y sosteniendo el gigantesco cheque falso!

Si se tenía suerte, los periodistas no botaban su comunicado a la basura (estamos hablando de los días anteriores al reciclaje, ¿recuerda?) Usted trabajaba en "relaciones públicas", pero solamente podía llegar al público pasando a través de esos porteros quisquillosos y estresados, vadeando por montañas de carpetas de prensa que llegaban hasta la cintura. ¡Cruzar los dedos y esperar la cobertura sí que era un ejercicio!

Pero en el otro extremo, el advenimiento de los medios sociales —Facebook, Twitter, LinkedIn, YouTube, blogs, wikis y más— ha hecho que muchos profesionales expertos en relaciones públicas se pregunten si a sus tácticas les ha llegado la fecha de vencimiento. Al mismo tiempo, los medios gráficos están perdiendo suscriptores, personal, valor bursátil y credibilidad —y por consiguiente, su papel de portero—. Esto significa que en lugar de cortejar a los medios masivos de comunicación, cada empresa puede —y debe— *convertirse en* un medio. Los medios sociales envían mensajes por todo el mundo en cuestión de segundos, y así eliminan al intermediario de los Grandes Medios.

Pero tenga presente que la cultura de los medios sociales premia el "diálogo", la "conversación", la "comunidad" y otros conceptos que nos hacen sentir bien pero que pueden irritar enormemente a los veteranos de las relaciones públicas.

Sin embargo, ese ambiente de colaboración funciona a favor de cualquiera que tenga una causa, un producto o un servicio que quiera promocionar. En la situación ideal, sus seguidores y amigos en Twitter y Facebook se convertirán en los fans más rabiosos y difundirán su mensaje. Es más probable que esto ocurra si usted adopta una estrategia de atracción en lugar de una de imposición: por ejemplo, nueve de cada diez de sus tweets deberían ser entretenidos o informativos; sólo uno debería promover su mensaje "verdadero".

Sin embargo, los medios tradicionales no están muertos, ni mucho menos. Sus viejos contactos en los medios tradicionales (los que quedan de ellos) están pasando el rato en Twitter y Facebook, y por eso usted debería hacerlo también. Los periodistas ponen su información de contacto en los medios sociales en sitios como Muck Rack y MediaOnTwitter porque quieren que la gente los encuentre fácilmente. Busque a los periodistas por ubicación o especialidad y empiece a seguirlos en Twitter.

He aquí algunos datos de una encuesta de 2007 sobre las prácticas periodísticas de relaciones con los medios, llevada a cabo por Bulldog Reporter y TEKgroup International:[1]

- El correo electrónico es el medio predilecto de los periodistas para recibir comunicados de prensa, según lo ha expresado el 77,9% de ellos.
- El 7,9% prefiere cables de noticias comerciales.
- El 4,5% prefiere las salas de prensa virtuales.
- Los periodistas siguen adoptando los medios sociales.
- Casi el 70% de los periodistas leen con regularidad uno o más blogs.
- Un poco más del 28% visita redes sociales una vez por semana o más.
- Más del 37% de los periodistas se suscriben a fuentes RSS.

*Based on responses from 2,046 journalists

En el mismo informe se incluyen datos sobre los periodistas y su uso de los salones de de prensa virtuales:

- Más del 73% visita salones de prensa virtuales más de una vez por semana.
- Algo importante, casi el 50% de los periodistas concuerda en que con frecuencia es difícil encontrar el salón de prensa virtual de las empresas.
- Los periodistas utilizan portales de noticias en línea.

---

[1] Bulldog Reporter y TEK Group, "2007 Journalist Survey on Media Relations Practices", (2007). Los resultados de la encuesta están basados en las respuestas de 2.046 periodistas. http://www.tekgroup.com/marketing/mediarelationspractices_bulldog/

- El 50% de los periodistas visita Google News (las Noticias de Google).
- Más del 30% de los periodistas visita Yahoo! News (las Noticias de Yahoo!).
- El uso de Google News por parte de los periodistas supera su uso de las redes de difusión tradicionales, como CNN.

Las conclusiones también mostraron lo que la mayoría de los especialistas en relaciones públicas y los funcionarios de las empresas ya sabe: que los periodistas siguen siendo escépticos en cuanto a las relaciones públicas. Por éso los medios sociales proporcionan la plataforma perfecta en la que los especialistas en relaciones públicas pueden empezar un reencuentro con los medios periodísticos a través de interacciones más profesionales y significativas.

En cuanto a la evaluación, el viejo parámetro de métrica de las relaciones públicas era el conteo de clips de prensa, televisión, radio y en línea. Pero más allá de rastrear estas impresiones, podía ser difícil medir el impacto de una campaña. El advenimiento de los medios sociales ha aumentado el número de herramientas disponibles: la nueva métrica de las relaciones públicas incluye aún el conteo de clips, pero ahora también incluye el tráfico en la web, el número de vistas de páginas, la actividad en blogs, los enlaces, los ránkings de SEO y los comentarios. Los profesionales de relaciones públicas que han sentido en algún momento que los frutos de su labor eran difíciles de comprobar en términos cuantitativos seguramente se alegrarán por esta gran cantidad de métodos para medir el valor de su trabajo en relación con los resultados finales de su empresa, pero sólamente si han planeado incluir esas mediciones en su estrategia.

En realidad, los profesionales de relaciones públicas, los periodistas y los encargados de la comunicación corporativa hoy tienen más oportunidades que nunca para interactuar y para intercambiar valor. Los que siguen son algunos sitios muy útiles para fomentar esta interacción:

Help A Reporter Out (HARO) (Ayude a un Reportero)
http://www.helpareporter.com
Los periodistas envían consultas a los profesionales en relaciones públicas a través de HARO.

Journalisted
http://www.journalisted.com
Actualmente, este sitio abarca los medios británicos, pero hay rumores de que planea expandirse a EEUU. Los usuarios pueden buscar a sus reporteros favoritos en 21 servicios de noticias del Reino Unido y en 14 sitios web distintos, lo cual permite a los profesionales en relaciones públicas leer el trabajo de los periodistas antes de ponerse en contacto con ellos.

Media People Using Twitter (Profesionales de los Medios que Utilizan Twitter)
http://twitteringjournalists.pbworks.com/Media-People-Using-Twitter-Around-The-World
Este sitio es un wiki que incluye a periodistas activos en Twitter.

PitchEngine (Motor de Presentación de Ventas)
http://blog.pitchengine.com/
Este sitio, que opera sobre la base de suscripciones, ofrece gran cantidad de herramientas de Web 2.0 para crear comunicados

*para medios sociales (Social Media Release o SMR) e incluye
enlaces a perfiles en redes sociales, videos y fotos. Los periodistas pueden suscribirse para recibir comunicados de prensa por
fuentes RSS.*

ReportingOn (Informes en Progreso)
http://reportingon.com
*En este sitio los periodistas pueden discutir sus artículos en
progreso o los temas de su especialidad contestando la pregunta
"¿Sobre qué estás informando?" También pueden etiquetar su
especialidad a fin de que los profesionales de relaciones públicas
puedan ubicarlos con facilidad y pueden buscar a otros periodistas como fuentes.*

Search.Twitter.com
http://search.twitter.com/
*Este sitio produce resultados menos específicos para el period-
ismo, pero aun así es un buen lugar donde buscar grupos empresariales, páginas corporativas y personas.*

Twellow
http://www.twellow.com
*Autodenominado "las páginas amarillas de Twitter", este sitio
clasifica a los usuarios y permite búsquedas con palabras clave
como "periodista" o "relaciones públicas".*

Susan Payton de Egg Marketing & Public Relations recomienda
interactuar "con la periodista en su propio espacio. Yo comento
sobre entradas que me gustan. Envío retweets de su contenido en

Twitter. De esta manera, en cuanto esté lista para tratar de atraer su atención, ya estoy en su radar."[2]

Es muy común encontrar pedidos de ayuda en Twitter, especialmente cuando surge una noticia de último momento: "Busco a alguien a quien entrevistar sobre…". Busque oportunidades para enviar a los periodistas un mensaje como este: "Veo que ha estado escribiendo sobre X. ¿Puedo enviarle información sobre un buen recurso?" (Use un @ tweet ordinario, no un mensaje directo o "DM"; los DM se consideran muy atrevidos para un contacto inicial.)

También las destrezas propias de las relaciones públicas profesionales necesarias para tener éxito han cambiado radicalmente dentro de los medios sociales. En muchos aspectos, el trabajo del profesional en los medios sociales se ha vuelto más intenso. Además de las destrezas básicas necesarias para llevar a cabo este trabajo exitosamente (por ejemplo, habilidad bien desarrollada para la escritura y la comunicación, talento para el detalle en lo referido al contenido y capacidad de interactuar con los miembros de los medios de comunicación de un modo proactivo y enfocado), el profesional de relaciones públicas moderno necesitar contar hoy en día con un conjunto de destrezas en línea. Entre ellas se incluyen entender cómo funcionan blogs y microblogs y la importancia de crear fuentes RSS para el contenido, junto con la habilidad de atraer a bloggers, un conocimiento básico de la optimización de buscadores (SEO), el uso de palabras clave y la ética específica para los medios sociales, que le permita abordar adecuadamente situaciones tales como campañas pseudoespontáneas (como la creación de un zumbido artificial, o *astroturfing* en inglés) o tweets y blogs fantasmas y sus consecuencias en términos de autenticidad.

---

[2] Susan Payton, "HOW TO: Use Social Media in Your PR Pitch Plan", (Mashable the Social Media Guide, Blog, noviembre de 2009). http://mashable.com/2009/10/12/social-media-pr-pitch

La receta para elaborar el comunicado de prensa perfecto para la Web 2.0 también ha evolucionado. Es conveniente crear una versión tradicional y otra diferente en estilo y contenido para los medios sociales, y la versión para los medios sociales debe contener elementos fundamentales como palabras clave —no palabras de moda—, un subtítulo que indique las ventajas de lo que se anuncia para el usuario, una cita optativa (ya no es necesario el chiste enlatado), enlaces, marcadores de favoritos, etiquetas y recursos adicionales diseñados para ayudar a los periodistas a contar su historia.

Acercarse a los periodistas tradicionales es fácil. Sin embargo, desde 2009, atraer a los bloggers se ha vuelto mucho más difícil. Antes de ese año, no era nada raro que un profesional de relaciones públicas les pidiera a los bloggers que reseñaran productos o servicios nuevos. Los críticos llamaban a esta técnica "soborno" o "payola" (o sea, dar publicidad sin revelar el patrocinador) y la Comisión Federal de Comercio de EEUU (FTC por sus siglas en inglés) estuvo de acuerdo. Ahora hay nuevas normas que requieren que los bloggers "revelen los nexos materiales que comparten con el vendedor del producto o el servicio" para evitar una multa que puede llegar hasta a US$ 11,000.

No obstante, aún existen oportunidades para lograr cautelosamente el respaldo elaborado de los bloggers. Jennifer Laycock de Search Engine Guide ofrece estas pautas para atraerlos:[3]

1. ¡Utilice el nombre correcto! "Las agencias de relaciones públicas fallan una y otra vez en este respecto."

2. No mienta diciendo que lée un blog que en realidad no lée. "Si usted no lo lée, simplemente explique por qué está enfo-

---

[3] Jennifer Laycock, "5 Mistakes that Can Tank Your PR Pitch to Bloggers", (Search Engine Guide, agosto de 2007). http://www.searchengineguide.com/senews/010431.html

cándose en él (por ejemplo, 'Sabemos que su blog es uno de los recursos más respetados sobre Y.')"

3. Verifique que el blogger acepte propuestas de venta.

4. No promocione productos irrelevantes.

Para generar zumbido para una nueva aplicación para celulares, Todd Defren de PR Squared creó "abordajes y argumentos de venta únicos para cada blogger," escritos con "voces" distintas.[4] "Tras sólo un mes de llevar a cabo actividades para captar a los bloggers —afirma—, el servicio 'slydial' de MobileSphere [una aplicación que permite llamar directamente al correo de voz del celular de otra persona sin tener que escuchar el timbre] fue mencionado en 381 entradas de blogs.... Este programa de promoción ayudó a incrementar el número de usuarios de slydial de 5.000 durante la etapa alfa a más de 200.000 durante la etapa beta, en menos de dos semanas."

La dificultad de medir el rendimiento de la inversión (ROI) es una de las razones por las cuales las técnicas de los medios sociales no se adoptan con más rapidez. Sin embargo, es posible medir el éxito más allá de los clics en el tráfico o el número de "Diggs".

Jason Falls, un asesor de medios sociales, cree que la captación a través de los medios sociales rinde resultados, porque éso es lo que afirman las grandes empresas:

"...observe los millones de dólares que acumula Marriott gracias al blog de Bill Marriott. Observe las ventas que Southwest Airlines atribuye a sus actividades en los medios

---

[4] Todd Defren, "Blogger Relations (and Social Media Release!) Case Study," (febrero de 2009). http://www.pr-squared.com/2009/02/blogger_relations_and_social_m.html

sociales. Observe los US$ 3 millones que Dell informa que ganó gracias a su cuenta en Twitter @delloutlet. Observe el caso de Wiggly Wigglers [una empresa británica que vende productos de jardinería], que tiene 90.000 clientes en a nivel mundial, sobre todo gracias a que cuando habla de un producto en su blog, incluye en la entrada un enlace para 'pedir aquí'.'' [5]

Monitorée su marca con herramientas como TweetDeck, eCairn, BuzzLogic, Reputation Defender y Hootsuite. (¡Los Google Alerts ya no resultan suficientemente rápidos!)

Es tan probable que los clientes insatisfechos compartan su mala experiencia en Twitter como que llamen al servicio de atención al cliente. Y a diferencia de la llamada al número gratuito, las anécdotas de Twitter pueden volverse virales en sólo unos minutos.

Dos empresas aprendieron esta lección de la forma más funesta posible. La empresa australiana Cotton On confecciona camisetas para bebés con leyendas pícaras. Pero para algunos, una de esas leyendas se pasó de la raya. La camiseta que decía "Me sacúden" — una referencia al síndrome del bebé sacudido— llevó a las mamás bloggers a ponerse directamente en contacto con la empresa, mientras que otras se quejaron en Twitter, escribiendo entradas como "Cotton On piensa que el maltrato de niños es chistoso."

"En este caso," escribió David Meerman Scott, gurú de marketing y medios sociales, "Cotton On se equivocó porque los representantes corporativos no enviaron un tweet, ni comentaron en los blogs más importantes que criticaban a la empresa. Incluso

[5] Jason Falls, "Why Social Media Purists Won't Last," (noviembre de 2009). http://socialmediatoday.com/SMC/pages/print/posts/?bid=1236e02b-f349-4721-8aed-3747aa7b1d02&mode=Full

un único tweet que reconozca el asunto y prometa investigarlo es mejor que la falta de reacción."[6] Ahora Cotton On tiene la dudosa distinción de ser un estudio de caso sobre lo que no se debe hacer en los medios sociales corporativos.

Del tema de lo que llevan puesto los bebés, pasamos a las mamás que llevan puestos a sus bebés y una reacción corporativa muy distinta frente al furor público. A diferencia de Cotton On, los fabricantes del analgésico Motrin respondieron mucho más rápido a una reacción semejante de parte de los consumidores, iniciada a raíz de un comercial referido al uso de portabebés (a los que comparaban con un accesorio de moda). Algunas personas pensaron que el comercial trivializaba la maternidad y recurrieron a Twitter para quejarse. Otros publicaron en YouTube comerciales paródicos y videos que expresaban su disgusto. Quizás el dato más preocupante era que casi 90% de las mamás que enviaron tweets para quejarse ni siquiera habían visto el comercial original, sino que solo habían escuchado el relato de otros microbloggers.

La empresa envió una disculpa a los bloggers, y luego la publicó en Motrin.com, junto con una promesa de quitar el comercial de circulación. En el mejor de los casos, Motrin también solicitaría opiniones sobre comerciales futuros a este apasionado (y gratuito) "grupo de enfoque" en línea.

El control de la "e-putación" —la reputación en línea— es más difícil que nunca gracias a la web. Obviamente, es posible monitorear los comentarios en un blog corporativo, pero si usted hace la vista gorda a las "reseñas negativas", los lectores lo percibirán y responderán de manera acorde.

---

[6] David Meerman Scott, "Social Media and the Cotton On Baby T-shirt Crisis," (septiembre de 2009).
http://www.webinknow.com/2009/09/social-media-and-the-cotton-on-baby-tshirt-crisis-.html

Así, parte de su estrategia mediática siempre estará centrada también en el manejo de la reputación. Es altamente recomendable que usted monitorée su reputación en línea para saber qué dice la gente sobre su marca o sobre otros temas importantes que pueden afectarla. Su manejo de la marca también incluye darle a ésta un "rostro humano". Entre las empresas que han tenido un éxito asombroso en este aspecto se encuentran Southwest Airlines, Zappos y Best Buy.

Si tiene que enfrentarse a un blogger negativo, convendrá que se comunique con él o ella directamente —por teléfono si es posible— e intente resolver la situación de modo diplomático. Tenga muy en cuenta, sin embargo, que por lo general los bloggers no quieren borrar entradas anteriores, así que no debe sentir que ha "perdido la batalla" si éso es lo que sucede.

En lo que respecta al manejo de su reputación, lo que posiciona su marca es el contenido, que le permite maximizar las referencias positivas alimentando a los megabuscadores como Google con prensa favorable o simplemente publicando entradas en blogs sobre lanzamientos de nuevos y atractivos productos, incorporación de colaboradores o asociaciones. Cuando promocione su empresa mediante contenido positivo, su meta debe ser, en parte, eliminar los comentarios de sus competidores y los de quienes sistemáticamente hacen comentarios negativos —siempre y cuando con éso no esté eliminando también las quejas y preocupaciones legítimas de los consumidores, que no sólo deben permanecer, sino que deben encararse rápida y frontalmente—.

Veamos la otra cara de la moneda del manejo de la reputación y la interacción con los medios: un comunicado de prensa para medios sociales bien elaborado proporciona a las empresas un mínimo de control sobre su imagen. A diferencia de los viejos comunicados de prensa enviados por fax o por correo, los que se publican en la web saldrán en los resultados de los motores de búsqueda durante años. Así que aquellos que en algún momento se hayan lamentado por la inutilidad del comunicado de prensa, que llegaba sin hacer ruido y se desaparecía sin ser mencionado, hoy pueden sentirse un poco mejor.

El comunicado de prensa para medios sociales exitoso no debería enfocarse en la empresa sino en los clientes potenciales. Debe evitar la jerga de moda de la profesión; más bien, debe poner el énfasis en algunas palabras clave populares que su público meta ya esté utilizando en sus búsquedas. Los días en que los profesionales de relaciones públicas escribían al estilo "AP" (*Associated Press*) han terminado; ahora escriben pensando en la "SEO". Asimismo, cuando usted escriba, le conviene incluir un texto de anclaje y enlaces que regresen al usuario a su sitio principal. En cuanto su comunicado de prensa esté listo (repleto de palabras clave enfocadas), envíelo a todas las agencias de noticias en línea principales: PRWeb, PRNewswire, Businesswire, Weblogwire, Marketwire y PRXbuilder, entre otras.

Adam Singer, de Top Rank, sugiere que el eje de su estrategia debe ser el sitio principal de la empresa o el blog corporativo. Sus tweets, comunicados de prensa en línea ricos en palabras clave, videos en YouTube y otras iniciativas en los medios sociales surgirán de este sitio principal o conducirán los visitantes de regreso a él. Singer advierte:

"Usar como eje Twitter o cualquier otra red que usted no controle es un error, porque de ese modo estará aumentando el valor de un recurso digital que no es en realidad suyo (sin

análisis, sin control, sin beneficios de SEO; y si esa red pierde
su popularidad, todo su empeño resultará en vano)." [7]

El salón de prensa virtual de su sitio es igualmente importante. Sus funciones de búsqueda deben ser sólidas, los videos deben comenzar en el término de unos segundos y debe haber un ser humano real a uno o dos clics de distancia como máximo.

A nadie le gusta rellenar formularios. Mejor, ofrezca fuentes RSS o actualizaciones por correo electrónico para que los periodistas y clientes puedan recibir contenido fresco al instante. Otros contenidos que no pueden faltar son biografías de los ejecutivos; fotos de varios tamaños, resoluciones y formatos; y por supuesto, enlaces a todos sus demás sitios de medios sociales. Ofrecemos aquí algunas recomendaciones más para interactuar con los medios de noticias:

- Como recomendábamos respecto respecto a la estrategia doble de comunicados de prensa tradicionales y para los medios sociales, utilice un abordaje en varios niveles para sus relaciones con la prensa.

- Asegúrese de que sus noticias se puedan encontrar en Google y Yahoo! Los periodistas van a los mismos lugares que nosotros para mantenerse al día con las noticias. Invierta en SEO para asegurarse de que su ítem se destaque en estos importantes sitios.

---

[7] Adam Singer, "Why Use Social Media for Public Relations?" (Top Rank Online Marketing Blog, noviembre de 2009).
http://www.toprankblog.com/2009/11/social-media-pr/

• Como los periodistas léen y se suscriben a fuentes RSS de blogs, su blog corporativo debe incluir lo que usted en ese momento quiera promocionar.

• La flexibilidad es su aliado. Prepare las noticias corporativas en múltiples formatos: un comunicado de prensa, una entrada de blog, actualización de noticias en Facebook, actualizaciones en Twitter, etc.

• Si no tiene un salón de prensa virtual sólido, ármelo (¡pronto!). Y asegúrese de que sea fácil de encontrar desde la página principal de su sitio corporativo. Los días en que se enterraba el salón de prensa en el "sótano" de su sitio han quedado atrás.

• Ya no es suficiente utilizar únicamente una agencia de noticias tradicional. La meta hoy es conseguir un equilibrio entre la distribución masiva y los mensajes focalizados para los periodistas que informan sobre su actividad.

• Por favor, no envíe correo electrónico no solicitado a los periodistas. Lanzar un diluvio de mensajes electrónicos hoy equivale a lo que era en el pasado bombardear a las agencias de noticias con comunicados por fax; la única diferencia es que su salva electrónica será más invasiva y aun menos bienvenida.

Los medios sociales no son una solución rápida para las relaciones públicas. Tómese su tiempo para desarrollar y mantener su reputación en línea, y esfuércese para mantenerse al día con las prácticas óptimas de modo permanente. Los profesionales de relaciones públicas pueden y deben adueñarse de las tácticas y estrategias de los medios sociales. De lo contrario quedarán cada vez más rezagados al pasado, mientras sus competidores toman la delantera.

RELACIONES CON LOS INVERSIONISTAS

Mientras tanto, en el reino de las relaciones con los inversionistas… En julio de 2008, la Comisión de Bolsa y Valores de los Estados Unidos (SEC por sus siglas en inglés) comunicó en un documento de 47 páginas el reconocimiento de los blogs corporativos como medio oficial de declaraciones públicas.

Las reglas son simples, y hasta previsibles. Aún así, para las empresas que no se han tomado el tiempo de considerar qué reglas viejas se aplican a qué medios nuevos, vale destacar las tres reglas más importantes a las que toda empresa se debe adherir:

• La divulgación de información material debe seguir las pautas de la Norma de Divulgación Justa.

• Todos los canales sociales deben recibir el mismo tratamiento que los canales tradicionales (ésto se refiere a las restricciones de divulgación).

• Se debe compartir sólamente información previamente divulgada.

Al respecto, los riesgos que muchas empresas experimentan hoy no surgen de malas intenciones sino de la publicación ingenua de actualizaciones en las redes sociales, ya sea el blog de un ejecutivo o un tweet sobre el próximo lanzamiento de un producto. Por ejemplo, eBay lanzó un blog corporativo que publicaba actualizaciones sobre congresos y pronósticos de ganancias trimestrales. Parecía una buena idea, pero hasta que el departamento legal les llamó la atención, no se habían dado cuenta de la necesidad de incluir avisos legales regulatorios en ciertas entradas. Casos como éstos demuestran la importancia de movilizar su equipo de medios sociales. El conglomerado que abarca los departamentos de relaciones con los inversionistas y relaciones públicas, marketing, de legales, recursos humanos y comunicación corporativa puede funcionar de modo potente y eficaz para crear conciencia en todas las partes interesadas (o sea, cualquier empleado que tenga acceso a una computadora y, por ende, a los medios sociales). Si bien esta tarea comienza con una política clara de medios sociales, continúa a través del entrenamiento contínuo.

Pero desde la perspectiva de las relaciones con los inversionistas, en la que están operando empresas como Chevron, Shell, Rio Tinto, UPS, Johnson & Johnson, Sun Microsystems y Barrick Gold, basta con decir que habrá que considerar adaptaciones a las reglas de este campo.

22

Estaciones de batalla en los medios sociales: la etapa inicial de servicio

"**Y**A, ¡ENVÍALO!"

"¿Te parece que lo mande?

"Sí, hazlo ya."

"Está bien, lo estoy enviando… Ahí va. ¡Ya está, está publicado!"

¿Le suena familiar? Lo escuchamos mucho. Es la conversación y el ritual que toma lugar antes de que uno de nuestros clientes envíe su primer tweet lleno de ilusiones a la Twittosfera. Normalmente va seguida de aplausos y elogios que compiten con los que se escucharon en todo el mundo cuando Neil Armstrong dio los primeros pasos sobre la luna.

La mayoría de las empresas se sentirán aturdidas al dar ese primer paso en los medios sociales. Esta sensación llega acompañada de expectativas y quizás de un poco de ansiedad, mientras se preguntan si alguien se dará cuenta y, en ese caso, cómo responderá.

"¡Han reenviado nuestro tweet! ¡Tenemos tres retweets!" Más aplausos. Los flamantes tweeters y bloggers aún están emocionados, todavía se sienten optimistas, pero no están seguros de adónde los conducirán estas pequeñas señales de vida. Si se las cultiva de manera adecuada, llevarán al crecimiento y la mejora del patrimonio de la marca, pero para poder lograr ese objetivo, es necesario crear un plan siguiendo las pautas a continuación.

Empiece poco a poco. La Web 2.0 ha producido una multitud de redes, sitios y aplicaciones sumamente atractivos que suman ya por miles —y el conteo sigue sumando—. Comience con un sitio principal (hasta tres si tiene los recursos necesarios) al que su personal pueda dedicar sus esfuerzos y desarrolle su estrategia a partir de él.

Suscríbase a cuentas y cree páginas en Facebook y Twitter. Evalúe también sumarse a MySpace. (Pese a su lento crecimiento, e incluso al estancamiento en el número de suscripciones, esta red sigue siendo viable e importante; no la subestime ni la excluya de su plan de medios sociales).

Determine qué clases de contenido va a publicar y la frecuencia para cada pieza (por ejemplo, publicar una entrada semanal al blog; enviar tres a cinco tweets por día; actualizar la cuenta de Facebook los lunes, miércoles y viernes). Mantener el contenido fresco y vivo es la mejor manera de crear y sostener el interés. Si planea publicar con frecuencia, asegúrese de no estar enviando tweets por el simple hecho de hacerlo, sino de que su contenido sea sustancioso y relevante.

Comprenda el perfil demográfico de cada red en la que piense entrar y téngalo en cuenta al momento de planificar su horario de publicación. La información útil e instantánea tiende a funcionar mejor, así que ofrezca consejos y sugerenciastécnicas para ahorrar tiempo, promociones prelanzamiento o avisos de ofertas próximas como formas de ayudar a los usuarios a asociar sus sitios con el verdadero valor de su dinero y su tiempo.

Si bien los clientes saben que usted tiene un producto o servicio que vender, evite la promoción agresiva ad nauseum ya que esta echa a perder el propósito de los medios sociales, que es crear una conversación bidireccional en lugar de una promoción unidireccional. Un infomercial contínuo disfrazado de blog o camuflageado en una página de Facebook es la forma más rápida de perder su base potencial de clientes.

Y aquí va el consejo más difícil: tenga paciencia. Desarrollar la conciencia, impulsar el tráfico y crear una interacción activa toma su tiempo. En algún momento podrá sentir que está arando en el mar. Pero si es persistente y constante, y publica contenido sólido, interesante y sustancioso a intervalos frecuentes, verá que el tráfico aumenta a medida que se corre la voz.

Al entrar en la esfera de los medios sociales, muchos de nuestros clientes quieren una respuesta definitiva a la pregunta al compromiso temporal que demanda su participación. Con toda probabilidad, ésta es la pregunta que usted se estará haciendo mientras considera con cuánto personal cuenta y las demandas de recursos aparentemente abrumadoras que enfrenta su empresa. A veces podemos lograr un sentido de perspectiva observando los extremos. Por ejemplo, Peter Rojas, fundador de Engadget y megablogger, es famoso por dedicar 80 horas semanales a la actividad en los blogs, pero así fue como convirtió su blog sobre tecnología en uno de los más leídos en la blogosfera. La mayoría de las empresas solo quieren incorporar algunos elementos fundamentales de los medios sociales en sus esfuerzos cotidianos de marketing y comunicaciones.

En fin, ¿de cuánto tiempo estamos hablando en realidad? Como en cualquier otra tarea, al principio la mayor parte del tiempo que le dedique al proyecto se empleará estableciendo la escala y el conjunto de destrezas de su personal, alineando a sus empleados con los objetivos corporativos y luego asegurándose de armarlos con un conjunto claro de expectativas y un plan táctico para cumplirlas.

Digamos, por ejemplo, que usted tiene dos empleados sobre-cargados y mal pagados que ahora tienen que agregar los medios sociales a su ancho de banda ya estirado al máximo. Una entrada de blog semanal, un par de tweets diarios y algunas actualizaciones de rutina en Facebook y LinkedIn no deberían aumentar demasiado su carga de trabajo. La clave es comprender el valor de estas aplicaciones en relación con sus objetivos.

Si es importante ser oportuno y la suya es una empresa que tiene noticias urgentes y actualizaciones de último momento para ofrecer, entonces lo mejor es que concentre sus energías en Twitter. Puede enviar tweets incluso una vez por día o una vez cada cierto número de días, a medida que sea necesario enviar actualizaciones al público. Una vez que se sienta cómodo en el espacio, esta tarea podrá llevarle literalmente cinco minutos.

Y tenga en mente que enviar tweets sin motivo puede funcionar como el grito "¡viene el lobo!" para el pastorcito mentiroso. Piense qué reacción conseguirá con un flujo diario, contínuo de tweets y asegúrese de que esto no vaya en su contra cuando realmente necesite ganar la atención del público. Enviar demasiados tweets puede hacer que los seguidores se cansen de su marca y al final pierdan interés completamente. Recuerde: todo con moderación.

Entonces, la respuesta a la pregunta "¿Cuánto tiempo va a tomar esto?" va a variar según la empresa, como cualquier otro elemento relacionado con los medios sociales, pero una presencia activa no tiene por qué consumir la totalidad de su jornada laboral. De hecho, es mejor empezar dedicando quizás media hora diaria sembrando su contenido en aplicaciones claves. Estime la reacción del público e incremente o disminuya su tiempo de acuerdo con los resultados.

No deje que lo asuste la amenaza de otra tarea más que exige una porción de su tiempo. Recuerde, no tiene que tragarse toda la torta de los medios sociales de un solo bocado. Crear presencia mediante algunas herramientas fundamentales es la mejor manera de establecer un punto de referencia para lograr un equilibrio entre la carga del trabajo y el avance en el espacio de los nuevos medios.

Como en cualquier otro rubro —hacer una compra importante, cambiarse de coche o pedir una caja del último grito de la moda en vinos— la evaluación es siempre el primer paso más prudente.

Mientras formule su estrategia de captación para los medios sociales, piense qué va a rastrear como métrica del éxito. Por ejemplo, cuando se hace una campaña de marketing por correo electrónico, rastreamos los resultados para averiguar datos importantes, como el día y la hora óptimos para enviar los mensajes con fin de lograr la mayor tasa de apertura.

Mientras organice su campaña de medios sociales (y en particular si no ha entrado anteriormente en este espacio), haga una estimación bien informada del momento óptimo en que crée que los usuarios podrían interactuar. Para llegar al estimado más aproximado, le recomendamos empezar investigando un poco cuándo aparece como activo su grupo de clientes (o un grupo semejante) en las redes sociales en las que usted va a intentar captarlos.

Si ya tiene un archivo de días u horas recogido de otros tipos de campañas en línea, ¿qué información pueden brindarle estos datos? Visite las marcas de la competencia que ya hayan lanzado campañas de medios sociales y busque patrones de actividad (por ejemplo, ¿a qué hora y en qué días se publican los comentarios en blogs y los retweets?). Si no tiene ningún competidor que esté haciendo lo que usted planea hacer, visite Trendrr (http://www.trendrr.com), donde podrá obtener información de referencia valiosa para al menos apuntarle en la dirección adecuada.

Es importante tener en mente un objetivo claro para los medios sociales, conocer a su público y su receptividad antes de intentar captarlo y mantener la transparencia respecto a la creación de su contenido. Durante un tiempo, Britney Spears sostuvo frente a sus fans que ella enviaba sus propios tweets, un dato que fue recibido con cierto escepticismo, en particular por sus fanáticos más fieles. Finalmente, Britney confesó que eran unos miembros de su personal quienes enviaban sus tweets, pero sus fans y seguidores no se molestaron por la confesión porque aún así sentían una conexión cercana con ella y además, valoraron su honestidad. También, Guy Kawasaki tiene un equipo que envía sus tweets, pero a diferencia de Britney, Kawasaki fue honesto desde el comienzo sobre el tema. A los aficionados y consumidores no les importa que usted no se pase el día enviando tweets, pero sí les importa sentirse engañados.

Defina sus criterios para el éxito antes de hacer clic en "publicar" o "enviar." La línea entre el éxito y el fracaso puede ser muy estrecha al comienzo, así que trate de saber cómo reconocer el éxito desde el principio. Muchas empresas suponen erróneamente que se trata únicamente de la cantidad, y por eso sumar sólo 500 seguidores en Twitter puede resultarles desalentador. Pero si se trata de los 500 mejores seguidores —promotores de la marca y embajadores, sus simpatizantes más leales— entonces probablemente sea un éxito mayor que agregar 5.000 seguidores tibios, poco interesados, o peor aún, descontentos, un número que podría llevar a su empresa al desastre si no está preparada para enfrentar interacciones negativas.

23

¿Su red o la de otros?

CON LA COMPETENCIA inundando las redes sociales gigantescas como Facebook y MySpace, puede ser útil separarse de la multitud y crear una red social exclusiva para su marca. Hay muchas ventajas, algunas dificultades y muchas herramientas para ayudar a los especialistas en marketing a armarla, pero hay también algunos detalles importantes que deberá tener en cuenta.

¿Qué beneficio específico espera que su marca obtenga de la actividad en los medios sociales? Si lo único que busca es tener una presencia, entonces lo más sensato es suscribirse a un servicio existente. Sus clientes ya conocen la interfaz y no tendrán que esforzarse mucho para interactuar con su marca. Hoy en día, un sitio para fans o una página en Facebook es lo mínimo que esperan muchos usuarios, y aunque usted decida armar su propia red, cierta presencia en los sitios ya conocidos les presta legitimidad a sus objetivos.

En Facebook muchas de las herramientas que se necesitan para interactuar con los clientes y permitir que ellos se comuniquen con usted están disponibles y son fáciles de usar. Además, cada conexión es valiosa. Cada vez que un fan de su página lleva a cabo alguna acción —publica un comentario o agrega "me gusta" a una entrada—, esa acción también se muestra en la sección de noticias de sus amigos. Es decir que usted logra propaganda constante y común y una estrategia de marca de consumidor a consumidor (C2C por sus siglas en inglés). Casi todas las grandes marcas tienen una página en Facebook.

Muchas han hecho un trabajo admirable, algunas enfocándose en las necesidades de sus clientes y la interacción, otras utilizando su página de Facebook como una extensión de la marca para distribuir contenido. Southwest Airlines pregunta a los clientes que están en el sitio qué cosas harían su experiencia más placentera durante el transcurso del vuelo y responden rápidamente a las quejas publicadas en su muro. La integración de aplicaciones específicas de la marca, que requiere el trabajo de un desarrollador de software, puede fortalecer su identidad en el sitio y ayudar a destacar su marca. Domino's Pizza, por ejemplo, creó una aplicación que permite a los usuarios rastrear su pedido en Facebook y compartir la información con sus amigos; de esa manera no solo proporciona un servicio al cliente sino que también ejemplifica uno de los puntos fuertes de la marca: la velocidad de entrega.

Dada la popularidad de Facebook, es una opción obvia e incluso un requisito para las marcas. Pero hay mucha información en el sitio de Facebook y es fácil perderse entre todas las empresas que están allí, especialmente para las marcas con un perfil menos reconocido. Una solución son las redes sociales de nicho que pueden proporcionarle la reserva más específica de clientes que su empresa busca. BlackPlanet es una red que se enfoca en el mercado de los afroamericanos y comparte muchas características con Facebook; y LinkedIn, un sitio donde los profesionales pueden interactuar, puede ayudar a una empresa B2B (una empresa que comercia con otras empresas en lugar de con consumidores) a prosperar. Pero muchas comunidades más pequeñas tienen también sus propios sitios, y dependiendo de su marca, sitios como gamerDNA (para los aficionados a los videojuegos) o GoodReads (para los lectores ávidos) lo ayudarán a ponerse en contacto con nuevos clientes. Si su marca se adapta a un sitio nicho, usted puede obtener grandes beneficios interactuando con sus usuarios.

Otra opción, sin embargo, es construir su propia red social. Tanto el nivel de complejidad como la forma que tome el sitio dependerán de usted. Empresas como Coca Cola, Nike y Bank of America tienen funciones de interacción social en sus sitios. La variedad es amplia: desde una opción como MyCoca-ColaRewards (MisPremiosCoca-Cola), que permite a los usuarios acumular los puntos que aparecen en las tapas de las botellas para canjearlos por productos de la marca y ofrecimientos de contenido, hasta la red para pequeñas empresas de Bank of America, que les permite a estas crear perfiles, comunicarse entre sí y formar mentorías, todo mientras reciben ofertas productos del banco.

Para otras marcas, las redes sociales han llegado a ser parte de su identidad. Esta estrategia es particularmente poderosa para los servicios en línea. La función de listas de Amazon.com, por ejemplo, permite a los usuarios crear listas de sugerencias para compras basadas en un tema, como "Cosas que no pueden faltar en la cocina" y "Los mejores libros del año". Allí las redes sociales, la estrategia de la marca y las ventas se combinan a la perfección: los consumidores se convierten en una fuente confiable para otros consumidores de una manera no invasiva. Netflix, una empresa de alquiler de películas famosa por el algoritmo con que selecciona DVDs que pueden ser de interés para los consumidores, también tiene una suerte de red social bien construida, donde los usuarios pueden elegir compartir las películas que han pedido con sus amigos que se encuentran inscritos en el sitio. Netflix integra esta función con su presencia en Facebook, mediante una aplicación que permite a los clientes compartir sus elecciones de DVD como actualizaciones de estatus.

Mientras tanto, los proveedores de contenido permiten a los usuarios armar perfiles para compartir su contenido favorito, hacer comentarios e intercambiar con otros usuarios. Esto aumenta el tiempo que los usuarios pasan en el sitio así como las vistas de páginas y al mismo tiempo fortalece la lealtad hacia el sitio. Sitios como los de MTV.com o CNN.com permiten crear claves de acceso y formar parte de la comunidad, y aprovechan así los beneficios del UCG. Incluso un sistema básico basado en accesos mediante contraseña, que permita compartir listas de deseos u otro contenido, puede ser una mina de oro para los especialistas en marketing.

Esto no sólo crea y unifica una base de consumidores, sino que también proporciona a las empresas una cantidad enorme de información específica sobre los usuarios, toda personalizable. Edad, ingresos, preferencias y movimientos en el sitio pueden ser recogidos con este nivel básico de red social.

Hay muchos programas que permiten a los especialistas en marketing y desarrolladores crear estas redes sociales. Ning, uno de estos servicios, utiliza a desarrolladores de tercero y un CSS que es completamente personalizable para la máxima flexibilidad. La creación de una red básica es gratis para el usuario siempre que esté dispuesto a aceptar publicidad de las empresas patrocinadoras; y si usted quiere tener más control sobre la información que aparece en su sitio, puede elegir pagar una cuota. Las redes de Ning pueden ser del formato "membresía por invitación sólamente", ideal para una red para empleados, por ejemplo, o pueden ser abiertas. También es posible controlar si su red aparece o no en búsquedas de Internet.

KickApps, otro programa de servicio, permite aun más personalización e integración con su sitio web actual para una estrategia de marca fluida; además, ofrece opciones de precios según el uso. Ambos sitios permiten alojar información, lo cual es una ventaja si usted tiene una empresa pequeña que no tiene capacidad de almacenar muchos datos en formato electrónico. Pero si por alguna razón usted necesita alojar su propia información, necesitará otra solución.

Crowd Factory es un sitio que permite a las empresas almacenar información en sus propios servidores y les ofrece el desarrollo con servicio completo; trabajando con los desarrolladores web de su empresa, puede crear una red integrada para su sitio web. Tanto Comcast.com como Martha Stewart utilizan el software de Crowd Factory.

LiveWorld es otro sistema de redes que ofrece personalización completa y deja el contenido en manos de la empresa. Algunos de sus clientes actuales son las sopas Campbell's y American Express.

Esta opción, que deja en manos de las empresas el máximo control sobre los aspectos visual y operativo, así como sobre la información incluida en el sitio, puede ser cara. Algunos paquetes cuestan más de US$ 50.000. El riesgo puede ser grande si usted no está seguro de cómo responderán sus clientes al servicio. Los usuarios necesitan una razón para unirse a una red social nueva y nadie quiere estar solo en un sitio.

A fin de cuentas, lo mejor es elegir el servicio que mejor se adapte a sus necesidades como empresa y que a la vez le deje espacio para crecer. Facebook y otros sitios existentes resultan familiares para los usuarios, atraen a nuevos clientes a la vez que refuerzan las relaciones con los clientes actuales y permiten el apoyo multiplataforma. Los sitios de redes personalizados permiten más control por parte del cliente y más interacciones creativas, mientras que mantienen una imagen de marca. No hay ninguna razón para no interactuar con los sitios existentes —no son caros y son fáciles de usar—, pero los abordajes novedosos y creativos, desde un modelo como el de Amazon.com hasta el de la red de pequeñas empresas de Bank of America, pueden agregar un nuevo nivel de interacción con sus clientes.

24

El navegar los medios sociales
conlleva ciertos riesgos

ES NATURAL ESTAR ILUSIONADO con el lanzamiento de una campaña de medios sociales en nombre de su marca. No obstante, también es necesario tomar en cuenta algunas advertencias para evitar un fracaso en este espacio que, sin querer, podría dañar a su marca.

Estas son algunas acciones que le garantizarán el fracaso en los medios sociales: entrar en el espacio sin tener un plan; no escuchar al público meta y no enfocarse en los sitios, herramientas y aplicaciones que éste utiliza; crear primero y planificar después (como muchas empresas que crean una página en Facebook o una cuenta en Twitter, se sientan a esperar que venga el tráfico… que nunca llega); no proporcionar un contenido fuerte y enfocado ni crear políticas básicas; ofrecer un servicio pobre al cliente (por ejemplo, establecer la expectativa de una interacción frecuente y luego tomarse demasiado tiempo para responder u olvidarse completamente de hacerlo, etc.). Otra trampa en la que caen involuntariamente muchas empresas es que su entrada en los medios sociales resulte "mucho ruido y pocas nueces". Un ejemplo de esto fue la campaña "ROSA" ("PINK") de Victoria's Secret en Facebook, que logró captar mucho interés. Al terminar la campaña, sin embargo, la empresa no había diseñado ningún plan de seguimiento y simplemente cerró la página, mientras los clientes captados se preguntaban qué había sucedido.

Si bien los medios sociales pueden expandir enormemente su negocio creando muy rápidamente una exposición positiva y viral, si su empresa no tiene en claro sus objetivos, su público, su mensaje —o ninguno de los tres— puede salirle el tiro por la culata. Y esta puede ser la forma más rápida de perder control sobre su marca.

También puede haber otra consecuencia negativa: que no ocurra nada. Esta fue la experiencia de Jenny Craig, una empresa que prepara platos para dietas: la empresa lanzó una campaña con una página en Facebook, un sitio en Wikipedia y un blog, sin conseguir apenas una reacción del público. Otro ejemplo es la ya famosa "campaña de tres tweets" de Weight Watchers: en febrero de 2009, Weight Watchers lanzó una cuenta en Twitter, envió tres tweets y aparentemente abandonó la tarea.

Insistimos: el objetivo no debe ser poner a su marca en la picota para avergonzarla públicamente.

También enfrentan enormes riesgos quienes intentan ocultar su empresa tras un blogger fantasma. El blog Cruise Critic ("El crítico de los cruceros") se posicionó como un observador objetivo de todo lo relacionado con cruceros, pero luego quedó públicamente expuesto cuando se descubrió que su dueño era en realidad una empresa que era propiedad de Expedia. Esto impulsó una serie de entradas en el blog con reacciones sumamente negativas (un ejemplo: "Royal Caribbean fue descubierto infiltrando sitios de reseñas con su equipo de marketing viral"), que posiblemente seguirá flotando en el espacio digital de aquí a la eternidad —o hasta que llegue la Web 3.0 para borrar la Web 2.0 del mapa—. Tampoco mejoró la situación el hecho de que a raíz de esta farsa el famoso viajero Arthur Frommer se sumara a la voz pública que cuestionaba el valor del UGC en general y las reseñas hechas por los usuarios en particular.

Otra oportunidad que los medios sociales proporcionan a las marcas es la expansión de su alcance a potenciales públicos meta, pero el precio es la inversión de tiempo, energía y dinero. Dos posibilidades se destacan entre los aspectos positivos del uso de los medios sociales: la posibilidad de estar disponible en este espacio para defenderse a sí mismo y a su marca (el llamado "manejo de las crisis") y la de tomar control de la percepción pública de su marca (a través del posicionamiento y el manejo de la reputación). Del lado negativo, la participación en los medios sociales obliga a abrirse a la crítica y aprender a aceptarla —y en lugar de barrerla debajo de la alfombra, enfrentarla en comunicación directa con su público—. Esto último puede ser difícil de tragar, en especial para las empresas inclinadas al perfeccionismo en la representación de su marca.

Las entradas, los tweets y los comentarios negativos siempre van a existir, incluso cuando una marca intente crear oportunidades de interacción para sus públicos meta. Por ejemplo, el caramelo Skittles lanzó una campaña interactiva llamada "Prueba el arco iris" ("Taste the Rainbow") y aunque efectivamente recibió una reacción de los consumidores, no fue la que la marca había esperado. El concurso se vino a pique cuando el público envió comentarios tan desagradables que finalmente no hubo más remedio que desarmar el sitio. Es muy difícil controlar una situación frente a variables desconocidas como éstas.

Y por supuesto, los que publican comentarios también pueden equivocarse en grande, como por ejemplo cuando Lance Armstrong publicó ese comentario sobre su compañero de equipo Alberto Contador, quien ganó el Tour de France. Otro ejemplo viene de Verizon. El editor del blog de políticas corporativas envió un tweet que mostraba una foto de un camión de Verizon estacionado fuera de la sede de un congreso importante de su competidor AT&T, junto con este comentario:

> *"Esto es lo que la red inalámbrica más fiable de EEUU [una referencia al eslogan de AT&T] envía ANTES de un congreso."*

Aunque el comentario no era en sí difamatorio, la actitud del editor del blog de políticas corporativas de una empresa de restregarle algo así a su competidor por las narices puede provocar consecuencias indeseables en cuanto al posicionamiento general de la marca.

Si usted comprende estos riesgos y beneficios desde el comienzo, estará mejor armado para lograr el éxito.

25

Un espacio vacío en los medios sociales

L A AVALANCHA DE SITIOS ha propagado una plaga creciente en los medios sociales: páginas corporativas de Facebook que están inactivas; fuentes corporativas de Twitter sin siquiera un tweet; redes sociales corporativas sin visitantes recurrentes. Estos terrenos baldíos son oportunidades perdidas de conectarse con los consumidores y sirenas de alarma que anuncian a todos que la empresa no está prestando atención.

En el verano de 2009 la empresa de comunicaciones Burson-Marsteller junto con Proof Digital Media llevó a cabo un estudio sobre el uso de los medios sociales entre las 100 mejores empresas según la revista *Fortune*. Descubrieron que aunque muchas de estas empresas están ampliamente involucradas en Twitter y Facebook, 31% de las cuentas en Twitter enviaban menos de tres tweets semanales y 28% de las páginas de fans en Facebook tenían pocos o ningún comentarios, lo mismo respecto a las entradas y ninguna señal de que la empresa mantuviera la página activa.[1]

---

[1] http://www.burson-marsteller.com/Innovation_and_insights/blogs_and_podcasts/BM_Blog/Lists/Posts/Post.aspx?ID=128

Otro estudio publicado a fines del año 2009 pinta un retrato aun más desolado. La empresa de relaciones públicas Weber Shandwick estimó que 73 de las 100 empresas mejor ubicadas en la lista de *Fortune* han abierto un total de 540 cuentas en Twitter. Más de la mitad de ellas (52%) no estaban interactuando activamente, de acuerdo con lo que indican la cantidad de enlaces, hashtags, referencias y retweets.

El 15% de las cuentas estaban inactivas; de ellas, 11% eran cuentas de reserva de espacio utilizadas para proteger los nombres corporativos contra la piratería de marca (vea por ejemplo, MonsterJobs.com, donde 169 seguidores esperan en vano una señal). Otro 4% de las cuentas fueron simplemente abandonadas.[2]

Las cuentas impostoras empeoran el problema. Dell, Volkswagen, Nike y Adobe son algunas de las empresas que no son dueñas de sus propios nombres de marca en Twitter.[3] Como resultado, los consumidores interesados sintonizan, sin darse cuenta, con un mensaje de marca que no es controlado por la empresa esperada.

Exxon Mobil Corp. se enteró en 2008 de que había gente que le prestaba atención, aunque no era la empresa misma la que atendía a ese público. Alguien se hacía pasar por una representante de la empresa en una cuenta de Twitter llamada ExxonMobileCorp. "Janet" parecía oficial; según se informaba, contestaba preguntas sobre la dirección estratégica de la empresa y su filantropía. Incluso había opinado sobre el derrame de petróleo del barco Exxon Valdez —y para colmo de males, afirmando de una manera bastante insensible que aunque el derrame había sido trágico, no entraba entre los 10 peores incidentes de su tipo—.

---

[2] http://www.webershandwick.com/resources/ws/flash/Twittervention_Study.pdf
[3] http://adage.com/digital/article?article_id=140377

El episodio fue una señal de alarma para Exxon Mobil. "[Usted] debe ser cuidadoso con lo que se dice sobre usted, con lo que usted dice y con lo que dicen quienes fingen ser usted," le dijo al blogger Jeremiah Owyang en una entrevista el portavoz de Exxon Alan Jeffers.[4] "Janet" ya ha "estacionado" su cuenta y ahora la empresa envía tweets con regularidad bajo el nombre Exxonmobil, desde una página engalanada con publicidad corporativa que tiene enlaces directos a la empresa.

La cuenta de Apple también tiene un "ocupa". En ese sitio, los aspirantes a seguidores de la empresa de computadoras encuentran un silencio absoluto. Más de 1.766 personas se han inscrito para seguir a Apple, que hasta la fecha ha enviado un solo tweet: "Me encantan las manzanas."[5]

Los impostores y la duplicación de marcas también son un problema alarmante en Facebook, que ahora tiene 1,4 millones de páginas de fans, según reporta el sitio mismo. Abundan las oportunidades perdidas y la confusión de marcas. Los fans de DreamWorks Animation, por ejemplo, encontrarán dos páginas en Facebook que parecen muy legítimas. Lamentablemente para el verdadero DreamWorks, la página impostora tiene cinco veces más fans que la legítima.[6] Goldman Sachs no está en Facebook, pero los 5.000 fans de su página no oficial no lo saben. La página impostora ha estado disponible al menos desde 2007 y no ha publicado nada en varios años.

Por otro lado, muchas páginas oficiales sucumben al descuido. Cigna es una de las compañías culpables de "hacer primero y olvidarse después". Esta empresa global de seguros de salud con

---

[4] www.web-strategist.com/blog/2008/08/01/how-janet-fooled-the-Twittersphere-shes-the-voice-of-exxon-mobil/
[5] http://www.penn-olson.com/2009/09/21/10-brands-claimed-by-twitter-cybersquatters/
[6] Se puede encontrar la página oficial de DreamWorks Animation en www.facebook.com/dreamworksanimation.

sede en Filadelfia armó una página para promocionar una serie de programas de aprendizaje virtual sobre la salud. Más de un año y medio después, el sitio tenía más de 1.700 fans pero no había enviado ni una sola entrada o comentario tras la bienvenida inicial.

Las empresas que se aventuran en los medios sociales tienen que estar alertas, hacer ruido y mantener una frecuencia. Deben ayudar a los usuarios a verificar su la identidad corporativa mediante la inclusión de publicidades e información de contacto con un número telefónico, tal como lo hacen en sus páginas web. Las políticas internas de medios sociales deben fijar pautas de cuándo, cómo y *si* los empleados pueden usar el nombre y el logotipo corporativos en las redes sociales, para así minimizar la existencia de sitios no oficiales.

Y si mantener una cuenta resulta demasiado trabajoso, lo mejor es simplemente eliminarla. La empresa de energía PECO quitó su página inactiva de Facebook, PECO Philadelphia, después de darse cuenta de que manejar el sitio era una tarea demasiado grande que la compañía no estaba lista todavía para emprender. Actualmente PECO está en proceso de formular una estrategia de medios sociales antes de aventurarse de nuevo.

Dadas las dificultades para controlar el mensaje de la marca en redes independientes como Facebook y Twitter, muchas empresas han decidido construir sus propias comunidades sociales. Es usual que estos sitios reciban una andanada de nuevos miembros al comienzo, pero su rumbo a partir de entonces depende del éxito que logren en atraer a visitantes recurrentes.

Los sitios que no generan un interés recíproco decaen rápidamente. Once meses después del lanzamiento de la red social del hotel MGM Grand ubicado en Foxwoods, Connecticut (EEUU), no se había iniciado aún ningún grupo o discusión en el foro. De los 10

grupos en línea, tres jugaban activamente en contra de la marca
—o lo harían alguien los viera algún momento—. El grupo "Toda
mi ropa apesta al humo de cigarrillo" tiene un solo miembro. Los
otros dos grupos promocionan una empresa sin ninguna relación
con MGM Grand, Apple Computer Inc.; uno de ellos se llama "Por
qué las Mac son cool."[7]

Muchas comunidades han ido y venido. La red The Hub de
Wal-Mart, lanzada en el verano de 2006 supuestamente para que
los jóvenes tuvieran un lugar donde expresar su individualidad,
fue despreciada en la blogosfera por su jerga juvenil repleta de
signos de exclamación, por reglas que impedían que los miembros
se enviaran mensajes de correo electrónico y por un sistema
de notificación que avisaba a los padres cuando sus hijos se
inscribían. El sitio fue condenado a expulsar a los mismos jóvenes
a los que estaba destinado y se cerró después de 10 semanas.[8]
Reuters AdvicePoint, una comunidad de consejeros de finanzas
que utilizaba el marketing directo para invitar a los inversionistas
a "proclamar su perfil", fue reemplazada por una página que decía
"Reuters está reevaluando el servicio". EcoTreadsetters fue una
comunidad construida por la Yokohama Tire Corp. y enfocada en
la protección del medio ambiente y las llantas. Cuando se lanzó
a fines de 2007, la empresa envió una invitación prepotente en la
que proclamaba que "era hora de que todo el mundo se preocupara
por el medio ambiente". Pero mucha gente se venía preocupando
desde hace mucho tiempo y ya utilizaba sitios como TreeHuggers,
GreenBiz y Care2.

A fines de 2009, un grupo de investigadores de ComBlu,
una división de HLB Communications, que arma comunidades

---

[7] Se encuentra el sitio en Connect.mgmatfoxwoods.com.
[8] http://adage.com/article?article_id=112288

sociales en línea, se unieron a 135 comunidades sociales construídas por empresas incluídas en la lista de 500 empresas principales de *Fortune*. Se inscribieron como usuarios, crearon perfiles y se prepararon para participar.

Terminaron clasificando a casi la cuarta parte de las comunidades como pueblos fantasmas.[9]

No sorprende que el sector del cuidado de la salud, que enfrenta el escrutinio de las agencias regulatorias si los usuarios de medios sociales "reportan" en blogs o en redes que han sufrido efectos secundarios negativos, haya conseguido el puntaje más bajo por su participación en los medios sociales. Pero algunas empresas del sector de entretenimiento también salieron mal. Por ejemplo, el sitio de música MyPlay, de Sony, atrae miles de visitantes, pero el nivel de interacción no impresionó a los investigadores. La gran mayoría de visitas eran de usuarios que pasaron una sola vez y nunca o casi nunca volvieron, según el análisis de Quantcast.

"Yo creo que el verdadero impacto [de un sitio inactivo] es que representa la falta de capacidad interactiva de una empresa o marca que está perdiendo la gran oportunidad de captar a a sus miembros y construir con ellos relaciones de largo plazo", sostuvo Kathy Baughman, fundadora de ComBlu. "Están permitiendo que sus competidores interactúen de una manera que puede atraer [a los consumidores] a su terreno. Ese es el peligro más grande y crea un impacto financiero potencial real."

---

[9] ComBlu, "The State of Online Brand Communities," (diciembre de 2009).

26

Orden de partida para los medios sociales

ESPUÉS DE HABER VIAJADO a través de este manual, tal vez piense que todo esto le suena como muchísimo trabajo, y que preferiría esperar un poco más antes de entrar en este espacio. Puede hacerlo si quiere. Pero tenga en cuenta que los medios sociales se han clavado, no sólo en las mentes de los adictos a la tecnología o los especialistas en marketing, sino en las de los consumidores que están encontrando en ellos los mismos beneficios que descubrieron en el correo electrónico e Internet. Así que esta vez su marca no puede permitirse no bailar este danzón.

Las empresas —cualquier empresa—, todas las empresas—, su empresa— deben prestar atención a los medios sociales, o la marca que usted representa estará en peligro. Quizás piense que sus esfuerzos en los medios sociales nunca lograrán despegar porque se ahogarán en el remolino de los que ya han adoptado estas tácticas. O aún está convencido de que su marca resultará dañada si usted cede parte del control sobre su mensaje a las masas consumidoras, o incluso a la competencia. Pero su marca resulta dañada cada vez que usted ignora un comentario en un blog sobre su producto, así que mejor será que empiece a prestar atención. Y en cuanto a la competencia, los medios sociales introducen una perspectiva completamente nueva también en esta área, demostrando a las empresas que es mejor aceptar la competencia que tenerle miedo (como lo demuestra Pepsi cuando envía tweets a Coca-Cola).

Recuerde que los consumidores de hoy no se enfadan; publican en YouTube. Por ende, sus prácticas óptimas en los medios sociales deberían imitar las prácticas óptimas en los medios tradicionales, pero con algunas variantes importantes. Estas parten de la premisa de que el usuario tiene que entender primero cómo iniciar y manejar una estrategia de medios sociales, en particular con respecto a la integración y la alineación a los planes del marketing y las comunicaciones tradicionales. Para recapitular:

- Alinée las estrategias de medios sociales con las estrategias y los objetivos generales de la empresa.
- Desarrolle y comprenda cómo funcionan las redes de medios sociales.
- Evalúe recursos, roles y responsabilidades (por ejemplo, gerente de comunidad, estratega de medios sociales corporativos).
- Contrate la ayuda de terceros cuando sea necesario.
- Determine las métricas del éxito de acuerdo con los objetivos individuales.
- Desarrolle un proceso de análisis y evaluación

Al planificar e implementar, piense bien en la estrategia a través de la óptica del consumidor. ¿Quién es su cliente ideal? En cuanto al posicionamiento, ¿en qué quiere que piensen cuando consideran su marca? Conozca su público meta y su comportamiento en línea: ¿de veras están usando Twitter? Priorice sus tácticas según el comportamiento en línea del público y según su reacción más deseada (*Most Wanted Response* o MWR por sus siglas en inglés). Pruebe constantemente, como en el marketing directo, sintonizando en canales periodísticos, plataformas, publicidades creativas, ofertas y páginas de aterrizaje. Por último, intente una variedad de tácticas de difusión: blogs, correo electrónico, widgets, podcasting, video y redes sociales —las suyas y las de ellos—.

A fin de cuentas, sabemos algunas cosas sobre los usos que las empresas hacen de los medios sociales:

- Los medios sociales no le darán la receta para hacer lo correcto…
- … pero sí lo ayudarán a escuchar a sus clientes.
- Proporcionan herramientas poderosas para conectarse con la base de consumidores de maneras novedosas para obtener comunicaciones, evaluaciones, mejoras y acciones rápidas.
- Su estrategia debe ser a largo plazo, aunque las tecnologías evolucionen e involucionen a un ritmo frenético.
- Todavía queda mucho por aprender en el reino de los medios sociales.
- Aún son aplicables las reglas de los medios tradicionales.
- Un buen uso de los medios sociales no significa una campaña fuera de serie hecha por un puñado de empleados; es un compromiso por parte de la empresa.

Hay una alta probabilidad de que no todo salga bien la primera vez. Pero igualmente cosechará conocimientos valiosos que alimentarán la próxima versión de su plan de medios sociales. La clave es no tratar de incorporar cada nueva aplicación que se lanza, sino seleccionar unas cuantas tácticas fundamentales según los objetivos de su empresa, entenderlas completamente, implementarlas con precisión y analizar los resultados.

Si se ejecuta correctamente, su estrategia de medios sociales no sólo mejorará los resultados de la empresa, sino que cambiará la manera en que sus públicos meta perciben su marca —y la manera en que la empresa se percibe a sí misma—. Por ende, cualquiera que esté en posición de hacer negocios, generar zumbido o comunicar en nombre de una marca debería sentirse superentusiasmado por el paisaje de oportunidad que crean los medios sociales.

EQUIPO DE SUPERVIVENCIA
Glosario de términos

L A PRIMERA PARADA del tren de los medios sociales es la terminología. La lista a continuación, aunque está lejos de ser completa, le ofrece los términos básicos y la descripción de una cantidad de aplicaciones estables que al parecer seguirán vigentes por mucho tiempo, o al menos así parece en el momento de redacción de este libro. Algunas aplicaciones seguirán siendo relevantes por más tiempo que otras, pero todas son parte importante de la historia de los medios sociales y usted necesitará conocerlas para navegar estas nuevas aguas.

@: Etiqueta que se utiliza para referirse a otro usuario de la misma red social. Por ejemplo, en Twitter, @ nombredeusuario indica que usted está enviando un mensaje a "nombredeusuario" o que está hablando de él en su mensaje. En Facebook, al utilizar "@nombredeusuario" en un mensaje de estado, el usuario queda etiquetado y la etiqueta crea un enlace a su perfil.

Acortar URL: Servicio que traduce las URL largas a versiones más breves (por ejemplo, tiny.url, bit.ly o owl.ly a través de HootSuite).

AdSense: Programa de publicidad contextualizada de Google. Las empresas suscritas al servicio permiten en sus sitios web la aparición de anuncios publicitarios específicos según la región geográfica u otros factores. Google administra estos avisos, que generan ingresos con cada clic.

AdWords: Servicio de Google que acepta anuncios publicitarios para ser ubicados en los sitios web de otros usuarios. Los anunciantes pagan a Google por este servicio, y luego Google comparte los ingresos con los dueños de los sitios web que publican los avisos (a través de AdSense).

Agregador de contenido: Persona o aplicación que recoge contenido en la web de distintas fuentes y lo reúne en una única plataforma para su reutilización o reventa.

Agregador de noticias: Sitio web o herramienta de software que permite reunir (ya sea en forma automática a partir de palabras clave, temas o fuentes, o en forma manual) y publicar noticias de varias fuentes.

Agregar amigos: Acto de pedir que alguien sea su amigo en una red social. Esa persona puede aceptar o rechazar el pedido de amistad. En la mayoría de las redes sociales los usuarios pueden ver el perfil de otro usuario sólo si éste los ha agregado como amigo.

AJAX: *Asynchronous JavaScript And XML* (JavaScript y XML asincrónicos). Grupo de técnicas de desarrollo web interrelacionadas y utilizadas por los clientes para crear aplicaciones web interactivas o aplicaciones de internet enriquecidas para la web que puedan recoger datos de otros servidores de modo asíncrono; operan en un segundo plano para no interferir con el aspecto visual u operativo de la página en uso.

Akismet: Servicio de filtro del correo electrónico no solicitado. Creado por Automattic, este programa se utiliza para filtrar los enlaces no solicitados de los comentarios en blogs; luego las reglas generadas por el proceso son aplicadas para bloquear correos no solicitados en el futuro. http://akismet.com/

API: *Application Programming Interface* (interfaz de programación de aplicaciones). Conjunto de rutinas, protocolos y herramientas en que los programadores de software pueden basarse para construir aplicaciones de software. Son útiles porque eliminan la necesidad de programar cada aplicación desde cero.

Astroturfing: Creación de un zumbido (*buzz*) supuestamente espontánea (que es en realidad artificial) frente a un producto o servicio. Los especialistas en marketing que hacen *astroturfing* generalmente utilizan blogs, foros de mensajes, podcasts, wikis, vlogs, salas de chat y sitios de medios sociales como MySpace y Facebook.

Autenticidad: Cualidad de "genuino" o "real", que es el eje de la comunicación eficaz en los medios sociales. En muchos aspectos, la autenticidad se ha convertido en la nueva voz institucional.

Autorrespuesta: Utilidad de correo electrónico que responde a mensajes en forma automática con un aviso predeterminado (por ejemplo, la respuesta estándar "Fuera de la oficina" que se puede activar cuando uno se va de vacaciones o la confirmación automática que uno recibe cuando se suscribe a un boletín electrónico).

Avatar: Personaje digital o álter ego que un usuario diseña para representarse en línea. Se los encuentra en los perfiles de los usuarios de redes sociales y en foros, comunidades y videojuegos en línea.

Banner publicitario: Forma de publicidad en Internet que implica incrustar un anuncio publicitario en una página web. Está diseñado para atraer tráfico al sitio de la empresa que colocó la publicidad mediante un enlace a una página de aterrizaje o a su página de inicio.

Bebo: Sitio de red social que permite a los usuarios compartir su perfil (ya sea con todo el público o sólamente con sus amigos) y encontrarse con otros usuarios en línea. http://www.bebo.com/

Bing: Buscador de Microsoft, creado originalmente para enfocarse en cuatro vertientes: decidir una compra, planear viajes, investigar enfermedades o problemas de la salud y encontrar empresas locales.

Bit.ly: Servicio que permite a los usuarios acortar, compartir y rastrear URL. Con él los usuarios pueden rastrear a visitantes únicos de sus sitios y y conocer su ubicación y sus metadatos. http://bit.ly/

Blip.tv: Servicio web que permite a creadores de contenido independientes subir su contenido al sitio; brinda hosting gratuito y distribución a un público amplio. Además, ofrece la opción de hacer publicidad

mediante un modelo de reparto de ingresos. http://blip.tv/

Blog: Diario compartido en línea o artículo publicado en línea por un usuario.

Bloguear: Acto de escribir o editar un blog.

Blogger o bloguero: Una persona que actualiza o mantiene un blog.

Bloglines: Servicio en línea para buscar, suscribirse, crear y compartir fuentes (*feeds*) de noticias, blogs y contenido rico de la web. El sistema reúne el contenido en un único lugar y permite al usuario crear una fuente de noticias personalizada. http://www.bloglines.com/

Blogosfera: Espacio en línea que abarca todos los blogs y sus interconexiones.

Blogroll: Lista de otros blogs que normalmente se ubica en la barra lateral del blog que se está visitando. Funciona como una lista de recomendaciones confeccionada por otros bloggers que visitan el sitio.

Blogswarm: Situación en que una gran cantidad de bloggers comentan sobre la misma noticia; esa noticia puede convertirse en el "tema candente" del día en la blogosfera.

Buscar/Búsqueda: Acto de buscar activamente en Internet un tema, un contenido específico u otro tipo de información. La búsqueda es la lista resultante de ese proceso. Algunos buscadores (o motores de búsqueda) populares en la actualidad son Google, Yahoo! y Bing.

Ciclo de retroalimentación: Proceso circular en que el resultado de un evento afecta el anticipo de algún otro evento en el futuro. Por ejemplo, en el marketing por correo electrónico, una persona puede marcar ciertos mensajes como correo no solicitado (*spam* en inglés) y enviarlos para que su dirección sea eliminada del sistema.

Cliente de Twitter: Cualquier aplicación de software diseñada para facilitar el uso de Twitter; por ejemplo, Twitpic, que permite al usuario compartir fotos en Twitter a través de una interfaz de programación de aplicaciones (o API, por sus siglas en inglés); Twitvid, que permite compartir videos; o TweetDeck, que ayuda a los usuarios a manejar sus seguidores, el contenido y el rastreo.

Comentarios: Contenido generado por el usuario (UGC) que expresa su opinión personal sobre cualquier cosa —desde blogs, perfiles y foros en línea hasta productos, servicios y sitios—; se publica como una respuesta o reacción a un contenido ya publicado.

Compartir contenido: Compartir información, fotos, música y videos en Internet. Algunos sitios comunes para compartir contenido son YouTube, Photobucket, Vimeo y Flickr.

Compartir fotos (*Photosharing*): Subir, publicar y transfir en línea las fotos de un usuario, que puede compartirlas con otros usuarios tanto privada como públicamente. Esta funcionalidad es proporcionada por sitios web específicos para imágenes como Flickr, Picasa, Photobucket y sitios de redes sociales como Facebook y MySpace.

Compartir videos: Subir y distribuir videos a través de Internet. Hay varios servicios para compartir videos como Viddler, Vimeo y YouTube.

Computación en nube: Expresión que describe el préstamo de servicios o recursos almacenados en servidores en Internet. Estos servicios son virtuales y escalables y eximen al usuario del requisito tradicional de infraestructura física.

Comunicado de prensa para los medios sociales: Comunicado de prensa interactivo que se distribuye por correo electrónico o alguna de las formas de transmisión propias de los medios sociales, como un podcast, un número de teléfono para Skype, tweets o entradas en blogs. Este tipo de comunicado sirve para proporcionar a los medios de noticias un contenido oportuno en una variedad de formatos.

Comunidad: Grupo social cuyos miembros comparten un interés, una ubicación geográfica o una función.

Contenido: Información diseñada para proporcionar valor a un usuario eventual o un público en contextos específicos. Puede ser en forma de texto, imágenes, audio o video.

Contenido generado por el usuario (UGC por sus siglas en inglés): También conocido como "contenido creado por el usuario" o "medios generados por el usuario", la expresión se refiere al contenido de cualquier formato o medio producido por un usuario eventual, en contraste con el que generan los medios tradicionales que producen y publican, como transmisoras autorizadas de radio y televisión y empresas productoras.

Conversación: Intercambio informal de ideas entre dos o más partes. La mayoría de las redes sociales proporcionan herramientas que permiten a los usuarios comunicarse entre sí, como la mensajería instantánea, el correo electrónico, foros y comentarios para un perfil.

Correo basura: También conocido como "spam" o "correo no solicitado", se trata de correo electrónico no deseado, normalmente de naturaleza comercial y difundido en forma masiva. La mayoría de los proveedores de correo electrónico proporcionan filtros contra spam para evitar que estos mensajes lleguen a las bandejas de entrada de los usuarios.

Co-Tweet: Cliente de Twitter enfocado en los usuarios corporativos de esta plataforma que permite hacer rastreos, manejar y reunir tweets y sacar provecho de ellos a través de las múltiples cuentas y los diversos usuarios de Twitter de una compañía.

Daylife: Empresa de servicios mediáticos que ofrece herramientas para reunir contenido que pueden utilizarse en el sitio web del cliente. Daylife traza conexiones entre contenidos según tema, país, ubicación geográfica y medio. http://www.daylife.com/

Delicious: Servicio de marcadores de favoritos que permite a los usuarios etiquetar, guardar, manejar y compartir listas de páginas web desde una fuente centralizada. http://delicious.com/

Digg: Sitio web social de noticias que permite a los usuarios aportar contenidio y expresar su opinión mediante votos sobre las noticias y los enlaces remitidos. El contenido más popular, es decir el que recibe mayor cantidad de votos, se ubica en la portada del sitio. http://digg.com/

Enlace o hipertexto: Referencia ubicada en una página web que lleva al usuario a otro lugar, ya sea otro sitio web o simplemente otra posición en el mismo sitio. Cuando una palabra o frase son "cliqueables", eso indica que están vinculadas a un contenido adicional.

Enlace permanente *(permalink)*: Enlace estático o permanente a un un contenido determinado , usualmente una entrada específica en un blog o un artículo dado, en una página donde constantemente se agrega nuevo contenido. Estos enlaces permiten acceder a artículos o entradas particulares ubicados en otras páginas, o marcarlos como favoritos para que los usuarios puedan encontrarlos en el futuro.

Entrada *(post)*: Comentario, artículo original u opinión que el usuario crea y sube o "publica" en Internet.

Etiqueta: Palabra o frase clave que clasifica un ítem de contenido. Las etiquetas que se utilizan en un sitio web pueden luego agruparse y mostrarse en una "nube de etiquetas" (también llamada "nube de palabras").

Facebook: Red social enfocada en ofrecer herramientas para ayudar a la gente a comunicarse fácilmente. http://www.facebook.com/

Feedburner: Administrador de fuentes web basado en Internet que ayuda a bloggers, productores de podcasts y quienes publican en la red en forma comercial a promocionar,

distribuir y obtener ganancias de su contenido en la web. Actualmente es propiedad de Google.

Flickr: Sitio web que ofrece hosting de imágenes y video cuyo objetivo es permitir a los usuarios compartir fácilmente su contenido (videos y fotos) con el resto de la comunidad en línea. Otros usuarios pueden comentar sobre el contenido y etiquetarlo. http://www.flickr.com/

Folcsonomía o folksonomía: Práctica de crear y manejar en forma colectiva las etiquetas utilizadas para marcar y clasificar contenido.

Foro: Sitio de discusiones o tablero de mensajes en línea.

Friendster: Sitio de red social enfocado en herramientas para ayudar a los usuarios a comunicarse fácilmente. Incluye páginas de fans y un programa para desarrolladores. http://www.friendster.com/

Fuente web *(Feed)*: Formato para recoger datos que ofrece a los suscriptores el contenido más actualizado según un determinado criterio de búsqueda.

Google Alerts: Servicio de Google que avisa a quien se suscribe, mediante un correo electrónico diario, sobre actualizaciones que aparezcan en el buscador Google sobre temas o palabras clave que el suscriptor haya identificado. Por ejemplo, una empresa puede pedir un aviso utilizando el nombre de un CEO para enterarse de cada nuevo contenido que surja relacionado con ese nombre.

Google Analytics: Servicio gratuito de Google que proporciona estadísticas e informes analíticos diarios sobre visitas a la página web del suscriptor. Al suscribirse al servicio, los usuarios incluyen una etiqueta en su sitio a fin de recoger la información necesaria sobre quienes lo visitan.

Google Reader: Lector de fuentes web (*feeds*) capaz de leer RSS y Atom. Los usuarios pueden manejar sus fuentes, etiquetarlas e incluso compartir sus colecciones de fuentes con otros usuarios.

Hashtag (#): Forma de agrupar temas en Twitter: el carácter # (*hashtag*) se coloca delante de la palabra con que el usuario quiere buscar o por la cual quiere agrupar su contenido (por ejemplo, #perros o #agricultura). Los usuarios pueden seguir un hashtag del mismo modo que siguen a otro usuario.

hi5: Sitio de red social diseñado para facilitar que los usuarios se pongan en contacto. hi5 incluye "grados de separación" (que también se encuentra en Friendster) y salas de chat que funcionan con Flash. http://hi5.com/

Hits: Cantidad de veces que se ha accedido en Internet a un recurso (por ejemplo, una página de aterrizaje, un sitio web, un video, etc.). También se refiere al número de entradas que salen en la lista de resultados de una búsqueda.

Hoja de estilo en casdada (CSS): Un documento maestro cuya función es describir los aspectos visual y operativo (el tamaño de las fuentes, los colores, el formato, etc.) de un sitio web.

HootSuite: Cliente de Twitter que permite a los usuarios manejar varias cuentas, programar el envío de tweets y medir la actividad. Los servicios apuntan a usuarios corporativos que suelen manejar varias cuentas y a los que les preocupa monitorear y desarrollar la marca a través de Twitter. http://hootsuite.com/

HTML: *HyperText Markup Language* (lenguaje de marcado de hipertexto). Conjunto de etiquetas y reglas utilizadas para desarrollar sitios web.

Hulu: Servicio que ofrece streaming del contenido de programas de televisión y películas; se financia mediante publicidad. http://hulu.com/

Ícono (*Badge*): Logo que incluye un enlace a otro sitio y se utiliza en un blog, sitio web o perfil para promocionar otra red social e interactuar con ella. Por ejemplo, al ver en un blog el ícono "Síganme en Twitter" o la "F" que indica la existencia de un perfil en Facebook, los usuarios pueden hacer clic para interactuar con el autor del blog en otras redes sociales. De esa manera es posible ampliar y profundizar la interacción.

iGoogle: Portal de Google que permite a los usuarios personalizar su página de inicio instalando distintos Google Gadgets (por ejemplo, Calendario, Clima, Noticias), cuyo contenido se incluye luego en esa página de inicio.

Jing: Software que permite al usuario grabar su pantalla, los movimientos de su ratón y su voz para compartirlos y distribuirlos por correo electrónico, mensajería instantánea o Internet. http://www.jingproject.com

KickApps: Aplicación de medios sociales tipo "software como servicio" que permite a los usuarios crear sus propias comunidades de redes sociales en línea enfocadas en sus áreas de interés. http://www.kickapps.com/

Lifestreaming: Agrupamiento de las actividades cotidianas en línea de un usuario, como entradas en un blog, actualizaciones en una red social, videos y fotos subidos a la red, etc.

Linkbaiting: Acto de utilizar en un sitio web un contenido muy atractivo para atraer a otros usuarios, conocido también como "enlace carnada" o *link bait*. El término puede referirse a la optimización para SEO, a herramientas útiles o a un contenido específico.

LinkedIn: Sitio de red social enfocado en las empresas y las conexiones profesionales (antes que sociales) entre los usuarios, quienes pueden "recomendar" a otros usuarios, buscarlos según sector y conectarse con contactos actuales. http://www.linkedin.com/

Marcadores de favoritos sociales: Método que permite a los usuarios compartir, organizar, buscar y manejar sus marcadores de recursos favoritos en la web.

Marketing de boca en boca (WOMMA por sus siglas en inglés): Método de marketing que se basa en la transmisión de información de un usuario a otro.. La naturaleza comunicativa de los medios sociales y la web ha ocasionado que los mercados hayan tomado mayor interés en impulsar el WOMMA para optimizar sus resultados.

Marketing de buscador (SEM por sus siglas en inglés): Método de marketing en Internet que busca promocionar páginas web aumentando su popularidad o visibilidad en las páginas de resultados de una búsqueda. Para eso, las empresas pagan a los buscadores una tarifa de inclusión o posicionamiento o compran anuncios publicitarios contextualizados en otras páginas.

Mashup o aplicación web híbrida: Sitio web, herramienta de software o servicio en línea que combina dos o más herramientas, dispositivos o aplicaciones para crear una nueva aplicación. En general, el contenido que compone un mashup se obtiene de un tercero, mediante una interfaz pública o API, fuentes web y servicios en línea.

Mediciones o medidas: El acto de medir el comportamiento de los usuarios en la web. Puede incluir conteos, relaciones entre variables e indicadores de actividad claves. Algunas medidas comunes son el número de hits que recibe una página web o el número de veces que un usuario llega al sitio del anunciate cliqueando un anuncio publicitario.

Medios en diferido: La Web 2.0 ofrece contenido que se puede consumir cuando el usuario lo decide, en lugar de que sea posible consumirlo sólo cuando el productor decide ofrecerlo (como sucede en las transmisiones televisivas). Por ejemplo, se puede ver o escuchar videos en YouTube, podcasts, etc. en cualquier momento.

Medios sociales: Conjunto de conversaciones en línea en las que los usuarios comparten entre sí opiniones, pensamientos e información a través de Internet y dispositivos móviles.

Meebo: Sitio web que permite acceder a varias plataformas de mensajería instantánea, como AOL Instant Messenger, Google Talk y Yahoo! Messenger, desde un único servicio. http://www.meebo.com/

Mensaje directo *(Direct Message o DM)*: Mensaje privado enviado por un usuario de Twitter a otro. El usuario puede enviar mensajes directos sólo a quienes han elegido seguirlo.

Metaetiqueta: Etiqueta en HTML, normalmente ubicada en el encabezamiento de la página web, que describe el contenido de esa página. Por ejemplo, la metaetiqueta "palabras clave" enumera todas las palabras clave por las cuales los motores de búsqueda pueden buscar y categorizar la página.

Métrica: El resultado de las medidas del comportamiento de los usuarios en la web. Los conteos, relaciones entre variables e indicadores de actividad claves pueden ser recopilados y segmentados para el análisis, cuyo resultado es la métrica. Esta da indicios del éxito de los esfuerzos en los medios sociales.

Microblogging: Servicio web, como Twitter, que permite a los suscriptores transmitir mensajes breves (normalmente de hasta 140 caracteres) a otros suscriptores del servicio. Las microentradas pueden ser redactadas en un sitio web y distribuídas a un grupo de suscriptores y también pueden leerse en línea o como mensaje instantáneo en un dispositivo móvil.

Moblog: Blog publicado desde un dispositivo móvil.

Moveable Type: Plataforma de publicación en línea creada por la empresa Six Apart. Se compone de diversos elementos, como numerosos weblogs, páginas de contenido independiente, manejo de usuarios y de roles, plantillas personalizables y categorías para artículos. http://www.movabletype.org/

Multi-tercerización (Crowdsourcing): Práctica de aprovechar los conocimientos colectivos de la opinión pública para completar tareas relacionadas con los negocios que una empresa normalmente haría por su cuenta o encargaría a un tercero (por ejemplo, interactuar con los miembros de una red social para buscar fans que lo ayuden a resolver problemas, ofrecer nuevas ideas, etc.).

MySpace: Sitio de red social que es propiedad de Fox Interactive Media. El sitio ha obtenido gran popularidad entre los músicos por distribuir su música y ganarles el apoyo de los fans. http://www.myspace.com/

Navegación: Conjunto de menús, enlaces y listas que permite al usuario moverse entre distintos segmentos de información y diferentes páginas de un sitio web.

NetVibes: Portal web (similar a iGoogle) que permite a los usuarios agregar a su página de inicio personal módulos integrados (gadgets o widgets) como un lector de RSS, pronósticos meteorológicos, fotos cargadas en Flickr y más. http://www.netvibes.com/

Newsgator: Empresa dedicada al diseño de software. Se la conoce sobre todo por su "familia" de lectores de RSS; también ofrece colaboración "detrás del cortafuegos" (o sea, en la red privada de una organización, a la que no se puede acceder desde afuera) y medios para empresas. http://www.newsgator.com/

Ning: Servicio de red social que **permite** a los usuarios crear sus propias comunidades a partir de intereses en común y pasiones que desean compartir con otros en línea. http://www.ning.com/

Nombre del dominio: Nombre específico de un sitio en Internet; puede ser asignado a una sola dirección IP o a múltiples. Por ejemplo, en www.google.com, "google" es el nombre del dominio.

Nube de etiquetas: Representación visual de las etiquetas generadas por los usuarios (UGC). La popularidad de cada etiqueta se identifica según el tamaño y el grosor de las letras en que aparecen escritas: las etiquetas más populares se ven en letra más grande y más gruesa que las menos utilizadas.

Optimización de buscadores (SEO por sus siglas en inglés): Utilización de palabras clave y otros códigos o determinada edición del contenido en los sitios web con fin de aumentar su popularidad o visibilidad en las páginas de resultados de los motores de búsqueda.

Palabra clave: Tema, encabezamiento o descripción que se incluye usualmente en el código HTML de un sitio web en una metaetiqueta (<meta>) para facilitar que los motores de búsqueda lo cataloguen y lo recorran cuando buscan información.

Perfil: Conjunto de información personal que el usuario publica sobre sí mismo; puede hacerlo disponible para todo el público o solamente para usuarios seleccionados que agrega (aprueba) como "amigos" en sitios de redes sociales.

Photobucket: Sitio de red social que permite alojar fotos y videos, crear presentaciones de diapositivas y compartir fotos por correo electrónico, mensaje instantáneo y teléfono móvil. http://photobucket.com/

Picasa: Aplicación de software ofrecida por Google que permite editar, organizar y compartir fotos.

http://picasa.google.com/

Ping.fm: Sitio de red social que permite a los usuarios actualizar su estado, sus blogs y sus microblogs en varios sitios web sociales a la vez desde una única. http://ping.fm/

Plataforma para desarrolladores de Facebook: Servicio en línea basado en normas establecidas que ofrece métodos para acceder a datos de Facebook y también aportarlos. El propósito de la plataforma es animar a los desarrolladores a crear aplicaciones que ayuden a los usuarios a comunicarse.

Podcast: Serie de archivos de audio y video descargables que se publican en forma episódica.

Podcast Alley: Portal que proporciona un directorio en línea de podcasts e información sobre podcasting. http://www.podcastalley.com/

Podcasting: Acto de crear y distribuir un podcast.

Podosfera: Comunidad o red social de podcasts.

Política de medios sociales: Conjunto de pautas establecidas por una organización que esboza los principios generales de cómo los usuarios deben comunicarse en línea cuando están representando esa empresa o comunidad.

Redes sociales: Reunión de individuos en grupos y comunidades específicos que interactúan a través de sitios web de redes sociales.

Retweet (RT): Re-envío de la entrada de otro usuario de Twitter; aparece en Twitter como "RT @nombredeusuario").

RSS: Conocido como Sindicación Muy Simple (*Really Simple Syndication*), es un archivo XML que se utiliza para publicar contenido que se actualiza con frecuencia, como blogs y titulares de noticias, en un formato estándar para el consumo en sitios web, correo electrónico y celulares.

Sala de prensa virtual: Parte de un sitio web corporativo que normalmente contiene noticias de la empresa de interés para los inversionistas y los analistas. En general, esta página incluye comunicados de prensa, informes de ganancias trimestrales y anuncios de relaciones comunitarias.

Second Life: Universo masivo multi-jugador (*Massive multiplayer universe o MMU*) ubicado en un mundo virtual en 3D (también conocido como un "metaverso") al que se accede por Internet. Los usuarios, o residentes, pueden interactuar mediante personajes digitales o avatares. Los residentes pueden socializar, crear y negociar propiedades virtuales y viajar por todo el mundo virtual, al que se llama "cuadrícula". http://secondlife.com/

Seguidores: Usuarios de Twitter que han elegido recibir tweets de otro usuario (las actualizaciones del usuario al que sigue aparecen en la página de inicio del seguidor). La popularidad en Twitter puede medirse, en parte, por el número de seguidores que una persona (o una cuenta) tiene.

Sentiment Metrics: Empresa de rastreo de los medios sociales que mide la huella digital de sus clientes según lo que dicen los consumidores sobre la marca en blogs, foros de discusión, comunicados de prensa y sitios de noticias. http://www.sentimentmetrics.com/

Shutterfly: Servicio de Internet para la expresión social y la publicación personal que permite a los usuarios compartir, imprimir y conservar sus fotos. http://www.shutterfly.com/

Skype: Software de medios sociales que permite a los usuarios hacer llamadas gratis por Internet a otros usuarios del servicio. http://www.skype.com/

Slideshare: Servicio de Internet para compartir presentaciones en línea. Los usuarios pueden subir, mirar y compartir archivos de presentaciones con otros usuarios. http://www.slideshare.net/

Social Mention: Plataforma para la búsqueda y el análisis de medios sociales que reúne el contenido generado por los usuarios (UGC) de muchos sitios en un único flujo de información. http://www.socialmention.com/

Spam: También conocido como "correo basura" o "correo no solicitado", se trata de correo electrónico no deseado, normalmente de naturaleza comercial y difundido en forma masiva. La mayoría de los proveedores de correo electrónico proporcionan filtros contra spam para evitar que estos mensajes lleguen a las bandejas de entrada de los usuarios.

Squidoo: Sitio web comunitario que permite a los usuarios crear páginas (llamadas "lentes") sobre temas de interés, lo que convierte a dichos usuarios en "expertos" al instante sobre un tema en particular. http://www.squidoo.com/

Taxonomía: Clasificación de páginas de un sitio web en agrupaciones lógicas para establecer la estructura y la navegación del sitio. Generalmente, la taxonomía se construye para simplificar la experiencia del usuario.

Technorati: Buscador de Internet utilizado para catalogar blogs y hacer búsquedas en ellos. http://technorati.com/

Tiny.url: Servicio web que proporciona alias breves para URL largas, con fin de crear URL más fáciles de recordar y utilizar. http://www.tinyurl.com/

Trackback: También conocido como *linkback*, es un método para que los creadores de contenido puedan pedir una notificación cuando alguien crea un enlace a su contenido.

Tweet: Entrada en el microblog Twitter; puede contener un máximo de 140 caracteres, incluyendo los espacios.

TweetBeep: Alerta de Twitter por correo electrónico para notificar a un usuario cuando otro menciona en sus tweets un nombre de usuario, producto, empresa o palabra clave especificados.

TweetDeck: Cliente de Twitter que permite al usuario personalizar su experiencia en ese programa mediante la segmentación de usuarios en grupos y conversaciones para así poder enviar y recibir tweets más fácilmente. http://www.tweetdeck.com/beta/

Tweeter o twittero: Persona que envía tweets. También se escribe "tuitero".

Tweetie: Cliente de Twitter que tiene una versión móvil para el iPhone y el iPod Touch, y otra para el escritorio de Mac OS X. Tweetie permite el manejo de varias cuentas de Twitter desde un iPhone o un iPod Touch.

Twittosfera: Universo de usuarios de Twitter y sus cuentas.

TwitPic: Sitio web que permite al usuario publicar fotos en Twitter. TwitPic es utilizado frecuentemente por ciudadanos periodistas para subir y distribuir fotos en tiempo real, al mismo tiempo que está sucediendo lo que reportan. http://twitpic.com/

Twitter: Servicio de red social y de microblog que permite a los usuarios enviar y leer mensajes (llamados tweets) de otros usuarios de Twitter. La extensión máxima del mensaje es 140 caracteres. http://twitter.com/

TwitterBerry: Cliente móvil de Twitter diseñado específicamente para los dispositivos móviles BlackBerry; permite a los usuarios acceder a Twitter utilizando una aplicación para BlackBerry Twitter.

TwitVid: Cliente de Twitter que permite a los usuarios publicar videos en Twitter. http://twitvid.com/

TypePad: Servicio de hosting de blogs creado por la empresa Six Apart y diseñado para facilitar la creación de blogs. http://www.typepad.com/

UberTwitter: Cliente avanzado de Twitter diseñado especialmente para los dispositivos móviles BlackBerry. UberTwitter ofrece funciones tales como retweets con un solo toque, la integración de GPS y mayor velocidad al subir fotos utilizando Mypict. http://www.ubertwitter.com/

URL: *Uniform Resource Locator* (localizador uniforme de recursos). Dirección de un sitio web en Internet. Por ejemplo, www.google.com es la URL de Google.

Usuario influyente: En el reino de los medios sociales, una persona que tiene la capacidad de persuadir a otros de pensar o actuar de cierta manera a partir de un contenido generado por el usuario (UGC); por ejemplo, por su comentarios en un blog, por su evaluación de un producto, etc. Los mejores usuarios influyentes son aquellos a los que los demás usuarios perciben como auténticos y confiables en relación con los temas sobre los que comentan.

Viddler: Plataforma de Internet que permite a los usuarios subir videos, grabarlos directamente de una cámara web, publicar comentarios y etiquetas en puntos determinados de un video y compartir mediante RSS y iTunes. http://www.viddler.com/

Vimeo: Plataforma de Internet que permite a los usuarios compartir, colaborar y distribuir sus videos. http://www.vimeo.com/

Viral: Se dice que es "viral" cualquier video, imagen o texto difundido "de boca en boca" por Internet o por correo electrónico con el fin de lograr un zumbido (*buzz*) inmediato y masivo.

Visitas: Cantidad de veces que se ha accedido en Internet a un recurso (por ejemplo, una página de aterrizaje, un sitio web, un video, etc.). También se pueden llamar "hits".

Vlog: Blog en video.

Voz sobre Protocolo de Internet (VOIP por sus siglas en inglés): Distribución de comunicaciones orales por medio de Internet.

Web 2.0: Segunda generación del desarrollo de la web definida por su enfoque en las comunicaciones y la interacción entre los usuarios. Se atribuye la creación del término a Tim O'Reilly del O'Reilly Media Group.

Web log: También conocido como "blog", es un diario en línea utilizado para compartir contenido (texto, video, fotos, etc.) con otros usuarios a través de Internet. Es actualizado con una determinada frecuencia por algún blogger (generalmente con textos de 500 a 1,100 palabras) y los temas pueden incluir desde la vida cotidiana o las experiencias del blogger hasta reseñas de productos y análisis de sectores de actividad, entre muchos más.

Webinar: Llamada en conferencia o presentación en vivo o grabada que se lleva a cabo a través de Internet. Se puede acompañar con una llamada telefónica en vivo o una pista de audio grabada.

Widget: Porción pequeña de código, programa o aplicación que se puede incrustar en el sitio web de algún tercero. Los usuarios lo descargan en un lector o en el escritorio de su computadora y a través de él reciben contenido mediante una fuente web. Algunos ejemplos de contenidos provistos por widgets son el pronóstico meteorológico, una cinta de cotizaciones bursátiles, los horarios de películas en el cine local y más.

Wiffiti: Servicio de Internet que publica mensajes en tiempo real en pantallas grandes (por ejemplo, el usuario teclea su mensaje en su dispositivo móvil o una aplicación en la web y el mensaje aparece en una pantalla grande ubicada en el lugar donde se realiza algún evento). http://wiffiti.com/

Wiki: Sitio web que permite crear y editar contenido para la web mediante un editor simple de textos. Este sistema facilita la edición o la actualización del contenido por cualquier usuario sin destrezas técnicas específicas.

Wikifarms: Servidor o conjunto de servidores que ofrece herramientas para simplificar la creación y desarrollo de wikis.

Wikipedia: Enciclopedia en línea creada en forma colectiva por una comunidad de usuarios. Cualquiera que se registre en Wikipedia puede crear artículos o editarlos.

XML: *eXtensible Markup Language* (lenguaje extensible de marcado). Estándar abierto para estructurar información como fuentes RSS. Es el estándar recomendado para crear formatos y compartir información por Internet.

YouTube: Sitio de red social donde los usuarios pueden subir y compartir videos. http://www.youtube.com/

Zumbido *(buzz)*: Cualquier cosa que genera entusiasmo o estimula conversación en el espacio de los medios sociales. En el mejor de los casos, esto involucra a los usuarios influyentes de la comunidad virtual (definido como quienes demuestran autenticidad y tienen seguidores) que ayudan a difundir información y contenido a través de sus redes en línea. El zumbido ideal que las empresas desean lograr es una discusión en línea que mencione su marca en forma positiva.

EQUIPO DE SUPERVIVENCIA
Enlaces útiles

EJEMPLOS DE SALAS DE PRENSA VIRTUALES

Accenture
http://newsroom.accenture.com/index.cfm

Allstate Insurance
http://www.allstatenewsroom.com/

American Civil Liberties Union
http://www.aclu.org/news

American Red Cross
http://newsroom.redcross.org/

Amway
http://www.amwayglobalnews.com/pr/awg/default.aspx

BASF Ventures
http://www.basf.com/group/corporate/en_GB/content/news-and-media-relations/press-releases

Baxter
http://www.baxter.com/about_baxter/press_room/index.html?WT.svl=urlforwarding

British Petroleum
http://www.bp.com/productlanding.do?categoryId=120&contentId=7047744

Boeing
http://boeing.mediaroom.com/

The California Endowment
http://tcenews.calendow.org/pr/tce/default.aspx

Carmax
http://media.carmax.com/pr/carmax/default.aspx

Centers for Disease Control
http://www.cdc.gov/media/

Chevron
http://www.chevron.com/

Children's Hospital, Boston
http://www.childrenshospital.org/newsroom

Cisco Systems
http://newsroom.cisco.com/

Crayola
http://www.crayola.com/mediacenter/

Dell
http://content.dell.com/us/en/corp/about-dell-press-room.aspx

Ford Motor Company
http://media.ford.com/

Genentech
http://www.gene.com/gene/news/index.jsp

Google
http://www.google.com/press/index.html

Hewlett Packard
http://www.hp.com/hpinfo/newsroom/

Intel
http://www.intel.com/capital/news/index.htm

Microsoft
http://www.microsoft.com/presspass/default.mspx

Nestle
http://www.nestle.com/MediaCenter/MediaCenter.htm

The Northwest Area Foundation
http://www.nwaf.org/Content/News

National Arbitration Forum
http://www.adrforum.com/main.aspx?itemID=237&hideBar=False&navID
=6&news=3

Pfizer
http://www.pfizer.com/news/

Proctor & Gamble
http://www.pg.com/news/index.shtml

Rosetta Stone
http://pr.rosettastone.com/

Schubert Communications
http://newsroom.schubert.com/

Shift Communications
http://www.shiftcomm.com/newsroom/

Smith & Hawken
http://pressroom.smithandhawken.com/pr/shnews/pressroom-home.aspx

Sun Microsystems
http://www.sun.com/aboutsun/media/index.jsp

Target
http://pressroom.target.com/pr/news/news.
aspx?ref=nav%5Ffooter%5Fnews

TEKgroup International
http://newsroom.tekgroup.com/

Toshiba
http://www.toshiba.com/tai/news/news.jsp

Toyota
http://pressroom.toyota.com/pr/tms/

Valero
http://www.valero.com/newsroom/Pages/Home.aspx

Walgreens
http://news.walgreens.com/

Whole Foods Market
http://wholefoodsmarket.com/pressroom/

Walmart
http://walmartstores.com/FactsNews/

World Wildlife Federation
http://www.worldwildlife.org/who/media/index.html?linklocation=footers
itemap

Xiotech
http://www.xiotech.com/About_Press_Press-Analyst-Center.aspx

PROVEEDORES DE SALAS DE PRENSA VIRTUALES

iPressroom
http://www.ipressroom.com/pr/corporate/default.aspx

News Cactus
http://www.newscactus.com/

TEKgroup International
http://www.tekgroup.com/products/#TEKmedia

Vocus Online Newsroom
http://www.vocus.com/content/prnewsroom.asp

Xigla Software
http://www.xigla.com/absolutenm/features.htm

HERRAMIENTAS PARA EL MANEJO DE CONTENIDO Y RASTREO

AIM Share
Permite a los usuarios publicar y compartir contenido en su cuenta de AOL
Instant Messenger
http://share.aim.com/share/

Bebo
Permite a los usuarios compartir contenido en su cuenta de la red social
Bebo
http://www.bebo.com

BlinkList
Permite a los usuarios guardar enlaces en su cuenta de Blinklist para usos
futuros (ver, compartir y hacer búsquedas de contenido similar)
http://www.blinklist.com

Blogger
Permite a los usuarios compartir contenido en su propio blog de Google
http://www.blogger.com

Blogmarks
Permite a los usuarios compartir y categorizar el contenido en su cuenta de
marcadores sociales de Blogmarks
http://blogmarks.net

BuzzUp!
Permite a los usuarios subir contenido al blog tecnológico de BuzzUp!
http://buzzup.com/us/

Care2
Permite a los usuarios subir información a sus cuentas en Care2, un sitio web enfocado en un estilo de vida orientado hacia la ecología
http://www.care2.com/

Current
Sube entradas de blogs o artículos al sitio web actual del usuario
http://current.com/

Delicious
Es un servicio de marcadores de favoritos; agrega blogs a la lista en línea de favoritos del usuario
http://delicious.com

Digg
Sube entradas de blogs a digg.com y luego los usuarios pueden votar por sus favoritas.
www.digg.com

Diigo
Permite a los usuarios marcar favoritos y compartir contenido en sus cuentas o sus barras de herramientas de Diigo
www.diigo.com

Facebook
Permite a los usuarios compartir contenido en sus páginas de Facebook
www.facebook.com

Fark
Permite a los usuarios publicar, comentar y votar sobre el contenido de los blogs de fark.com
www.fark.com

Faves
Permite a los usuarios agregar contenido a sus cuentas de favoritos
http://faves.com/home

Flickr
Permite a los usuarios publicar contenido en sus páginas de Flickr.
www.flickr.com

FriendFeed
Permite a los usuarios subir contenido a su fuente de FriendFeed para compartir con otros usuarios del servicio
http://friendfeed.com/

G Bookmarks
Agrega contenido a la página de favoritos de Google del usuario
http://www.google.com/bookmarks/?ctz=300

Kirtsy
Un sitio web que permite a los usuarios compartir artículos y blogs sobre una amplia gama de temas
www.kirtsy.com

Lifestrea.ms
Un cliente de correo electrónico basado en la web que permite a los usuarios enviar contenido a su cuenta de Lifestream.
http://lifestrea.ms/

LinkedIn
Permite a los usuarios compartir contenido de blogs o de noticias a través de sus cuentas de Linkedin
www.linkedin.com

Livejournal
Publica y comparte contenido en las páginas de blog de los usuarios de Livejournal
http://www.livejournal.com/

Mixx
Permite a los usuarios compartir información que está en sus cuentas de Mixx
www.mixx.com

Mister Wong
Un servicio de marcador de favoritos que permite a los usuarios marcar blogs o nuevo contenido
http://www.mister-wong.com/

MySpace
Permite a los usuarios agregar contenido a su página de MySpace
www.myspace.com

Newsvine
Permite a los usuarios publicar contenido como parte de una noticia en su
cuenta de código abierto de News Vine
http://www.newsvine.com

Ping
Permite a los usuarios subir contenido a varios sitios de redes sociales al
mismo tiempo
http://ping.fm/

Posterous
Permite a los usuarios subir cualquier forma de contenido a través de
correo electrónico
http://posterous.com/

Propeller
Permite a los usuarios compartir y votar sobre noticias en www.propeller.
com
http://www.propeller.com/

Reddit
Permite a los usuarios publicar contenido en su cuenta de Reddit, sobre el
que otros usuarios pueden votar posteriormente
www.reddit.com

ShareThis
Permite agregar, desde varios dispositivos, artículos de la sala de prensa o
entradas de blogs a la cuenta del usuario en ShareThis, donde se archivan y
comparten los sitios web que el usuario visita con más frecuencia
http://sharethis.com/#STS=g2yzs5fg.g0i

Slashdot
Permite a los usuarios publicar y compartir contenido en su blog tecnológico de Slashdot
http://slashdot.org

Simpy
Permite a los usuarios agregar, guardar, comentar y etiquetar contenido
dentro del servicio de marcadores de favoritos Simpy
www.simpy.com

Stumbleupon
Permite a los usuarios agregar su blog a la aplicación Stumbleupon a fin de recibir avisos sobre otros blogs semejantes
www.stumbleupon.com

Technorati
Permite a los usuarios subir contenido a su blog de technorati.com
www.technorati.com

Trendrr
Permite a los usuarios rastrear palabras clave en el contenido de los blogs
http://www.trendrr.com/

Tumblr
Permite a los usuarios publicar contenido en su miniblog de Tumblelog
www.tumblr.com

Twackle
Permite a los usuarios publicar contenido en su cuenta Twackle, que es una cuenta de Twitter enfocada en el mundo deportivo
www.twackle.com

Twine
Permite a los usuarios agregar contenido a su página de información en Twine
www.twine.com

TypePad
Permite a los usuarios compartir información que se encuentra en su blog de TypePad
http://www.typepad.com/

Upcoming
Permite a los usuarios publicar contenido de un blog en su página de "Eventos próximos"
http://upcoming.yahoo.com/

Windows Live
Permite a los usuarios fijar su página de noticias como un "favorito compartido" en su cuenta de Windows Live o Hotmail
www.hotmail.com

WordPress
Permite a los usuarios agregar contenido a sus blogs de WordPress
http://wordpress.org/
Xanga
Permite a los usuarios publicar contenido en su blog de Xanga
www.xanga.com

Yahoo! Favoritos
Permite a los usuarios guardar y organizar contenido en su cuenta de Yahoo! Favoritos
http://espanol.bookmarks.yahoo.com/

EJEMPLOS DE POLÍTICAS DE MEDIOS SOCIALES

123 Social Media
http://123socialmedia.com/2009/01/23/social-media-policy-examples/
Incluye políticas de las siguientes organizaciones:
Associated Press
BBC
Blog Council
Chartered Institute of Public Relations (CIPR)
CISCO
CivilService
Dow Jones
ESPN – empleados
ESPN – presentadores de noticias
Gartner
General Motors
Government Policy
Greteman Group (agencia de marketing)
Harvard Law School
HP
IBM
Intel
Kodak
Opera
Porter Novelli
Sun
Fuerza Aérea de EEUU
Marina de EEUU (Web 2.0 – Utilizar nuevas herramientas en la web)
Wall Street Journal
WellsFargo

Candid CIO
http://candidcio.com/2009/08/12/social-media-policy-and-employee-guidance/

Dave Fleet
http://davefleet.com/2009/05/social-media-policies-company-internal-policies/

Laurel Papworth
http://www.laurelpapworth.com
Incluye ejemplos de políticas de las siguientes organizaciones:
About.com (políticas genéricas)
http://humanresources.about.com/od/policysamplesb/a/blogging_policy.htm

BBC
http://www.bbc.co.uk/guidelines/editorialguidelines/advice/personalweb/blogging.shtml

The Blogging Church
http://www.leaveitbehind.com/home/2005/04/fellowship_chur.html

Canadian Broadcasting Corporation
http://www.insidethecbc.com/bloggingrules

Chartered Institute of Public Relations Social Media Guidelines
http://www.cipr.co.uk/socialmedia/

Cisco
http://blogs.cisco.com/news/comments/ciscos_internet_postings_policy/

Ciudad de Seattle, Washington (EEUU)
http://www.seattle.gov/pan/SocialMediaPolicy.htm

Dell's Online Communication Policy http://www.dell.com/content/topics/global.aspx/policy/en/policy?c=us&l=en&s=corp&~section=019

Electronic Frontier Foundation (How to Blog Safely about Work
[Cómo bloguear con seguridad sobre el trabajo])
http://www.eff.org/wp/blog-safely

Feedster
http://feedster.blogs.com/corporate/2005/03/corporate_blogg.html

Gartner
http://blogs.gartner.com/gartner-public-web-participation-guidelines/

General Motors
http://fastlane.gmblogs.com/about.html

Greteman Group Blog
http://gretemangroup.com/blog/index.php/2009/01/social-media-policy/

Harvard Law School
http://blogs.law.harvard.edu/terms-of-use/

Hewlett Packard
http://www.hp.com/hpinfo/blogs/codeofconduct.html

Hill and Knowlton's
http://armadgeddon.blogspot.com/2007/09/h-pledge-for-bloggers.html

IBM
http://www.ibm.com/blogs/zz/en/guidelines.html

Intel
http://www.intel.com/sites/sitewide/en_US/social-media.htm

IOC Olympic Athletes
http://multimedia.olympic.org/pdf/en_report_1296.pdf

LiveWorld
http://socialvoice.liveworld.com/blog-entry/Bryan-Persons-Blog/Creating-Social-Media/1100000608

Opera
http://my.opera.com/community/blogs/corp-policy/

Plaxo
http://blog.plaxoed.com/2005/03/29/plaxos-communication-policy/

Sun Microsystems
http://www.sun.com/communities/guidelines.jsp
http://www.sun.com/aboutsun/media/blogs/BloggingGuidelines.pdf

Thomas Nelson
http://michaelhyatt.blogs.com/workingsmart/2005/03/corporate_blogg_1.html

Walker Art Center
http://newmedia.walkerart.org/nmiwiki/pmwiki.php/Main/WalkerBlogGuidelines

Yahoo
http://jeremy.zawodny.com/yahoo/yahoo-blog-guidelines.pdf

Social Media Governance
http://socialmediagovernance.com/policies.php
Incluye ejemplos de políticas de las siguientes organizacione:
About.com
American Red Cross
Australian Public Service Commission
Baker & Daniels
BBC
BBYO
Bread for the World
BT
Canadian Broadcasting Corporation (CBC)
Chartered Institute of Public Relations (CIPR)
Children's Hospital of Los Angeles
Cicso
City of Hampton, Virginia (EEUU)
City of Seattle, Washington (EEUU)
Cleveland Clinic (Cleveland, Ohio EEUU)
Dell
DePaul University
Easter Seals
Electronic Frontier Foundation
ESPN
eWay Direct
Fairfax County, Virginia (EEUU)
FedEx
Feedster
Fellowship Church
FINRA
Fudder Netiquette
Gartner
General Services Administration (GSA)
General Motors
Greteman Group
Harvard Law School
Headset Brothers
Hill and Knowlton
HP
IBM
InQbation

Intel
Federación Internacional de Sociedades de la Cruz Roja y de la Media Luna
Roja
Comité Olímpico Internacional
Iowa Hospital Association (EEUU)
Jaffe
Judith Lindeau
Kaiser Permanente
Kodak Social Media Tips
Le Bonheur Children's Medical Center
LiveWorld
Mayo Clinic
Media Law Resource Center
Microsoft
Missouri Department of Transportation (EEUU)
National Public Radio (NPR)
New Zealand State Services Commission
Oce
Opera
Plaxo
Porter Novelli
Powerhouse Museum Communication
PR-Squared
Razorfish
Rhetorica
RightNow
Roanoke County, Virginia (EEUU)
Roanoke Times (Virginia, EEUU)
Robert Scoble
SAP
Sentara Social Media Policy
Shift Communications
Smithsonian Institution
Social Media Business Council
SpareBank
State of Delaware (EEUU)
Sun Microsystems
Telstra
The University of Texas (EEUU) MD Anderson Cancer Center
The Well

Thomas Nelson
Gobierno del Reino Unido
Fuerza Aérea de EEUU
Cuerpo de Ingenieros del Ejército de EEUU
Servicio de Guardacostas de EEUU
Agencia de Protección Ambiental de EEUU
Comisión Federal de Comercio de EEUU
Administración de Servicios Generales de EEUU
Navy de EEUU
Administración General del Estado del Reino Unido
Unic
University of Maryland (EEUU) Medical Center
Wake County, North Carolina (EEUU)
Wal-Mart
Walker Art Center
Washington Post (mediante PaidContent.org)
Webtrends
Wells Fargo
Workplace Fairness
Yahoo!

EJEMPLOS DE COMUNICADOS DE PRENSA PARA MEDIOS SOCIALES

Accenture
http://newsroom.accenture.com/article_display.cfm?article_id=4913

American Red Cross
http://www.redcross.org/portal/site/en/menuitem.94aae335470e233f6cf91
1df43181aa0/?vgnextoid=2ed3b2423d265210VgnVCM10000089f0870aRC
RD

Barrick Gold
http://www.barrick.com/News/PressReleases/PressReleaseDetails/2009/
BarrickGoldCorporationAppealsCourtRemandsDecisiontoDistrictCour-
tonCortezHillsProject1121331/default.aspx

Chevron
http://investor.chevron.com/phoenix.zhtml?c=130102&p=irol-
newsArticle&ID=1362266&highlight=

General Motors
http://media.gm.com/content/media/us/en/news/news_detail.html/content/Pages/news/us/en/2009/Dec/1208_reuss_docherty

GNC
http://gnc.mediaroom.com/index.php?s=43&item=213

Home Depot
http://phx.corporate-ir.net/phoenix.zhtml?c=63646&p=RssLanding&cat=news&id=1362510

Microsoft
http://www.microsoft.com/presspass/press/2009/dec09/12-08MSNOnlineLifestylePR.mspx

Nissan
http://www.nissan-global.com/EN/NEWS/2009/_STORY/091201-01-e.html

Peace Corps
http://www.peacecorps.gov/index.cfm?shell=resources.media.press.view&news_id=1513

Saks Fifth Avenue
http://phx.corporate-ir.net/phoenix.zhtml?c=110111&p=irol-newsArticle&ID=1361652&highlight=

Shift Communications
http://www.socialmedianews.ca/pdfs/SocialMediaNewsReleaseTemplate.pdf

Swatch Group
http://www.swatchgroup.com/en/services/archive/2009/le_cio_et_le_swatch_group_sa_signent_un_partenariat_a_long_terme

Time Warner
http://www.timewarner.com/corp/newsroom/pr/0,20812,1945499,00.html

Verizon
http://investor.verizon.com/news/view.aspx?NewsID=1025

World Wildlife Federation
http://www.worldwildlife.org/who/media/press/2009/WWFPresitem14528.html

SITIOS CON GUÍAS PARA ELABORAR COMUNICADOS DE PRENSA PARA MEDIOS SOCIALES

http://www.socialmedianews.ca/index.php?option=com_weblinks&view=category&id=51%3Aonline-newsrooms&Itemid=124

http://www.future-works.com/about/agency_news/files/How%20To%20Write%20SMPRs%20by%20Brian%20Solis.pdf

EJEMPLOS DE INFORMES ANUALES

From Nexxar
http://www.nexxar.com/marketresearch/usadowjones30.html
La lista de informes anuales proviene de las siguientes empresas:
AT&T
Chevron
Cisco Systems
Disney
General Electric
Home Depot
IBM
Intel
Merck &Co
Microsoft
Procter and Gamble
Verizon
Walmart

EJEMPLOS DE SITIOS DE MEDIOS SOCIALES PARA LAS RELACIONES CON INVERSIONISTAS CORPORATIVOS

Amazon
http://phx.corporate-ir.net/phoenix.zhtml?p=irol-irhome&c=97664

Apple
http://phx.corporate-ir.net/phoenix.zhtml?c=107357&p=irol-index

Barrick Gold
http://www.barrick.com/Investors/default.aspx

Chevron
http://investor.chevron.com/phoenix.zhtml?c=130102&p=irol-irhome

Cisco Systems
http://investor.cisco.com/

CitiGroup
http://www.citibank.com/citi/fin/

Disney
http://corporate.disney.go.com/investors/index.html

Ford
http://www.ford.com/about-ford/investor-relations

General Electric
http://www.ge.com/investors/index.html

General Motors
http://www.gm.com/corporate/investor_information/

Home Depot
http://ir.homedepot.com/phoenix.zhtml?c=63646&p=irol-IRHome

IBM
http://www.ibm.com/investor/?cm_re=wspace-_-horznav-_-learn

Intel
http://www.intc.com/

Merck &Co
http://www.merck.com/investors/home.html

Microsoft
http://www.microsoft.com/msft/default.mspx

Procter and Gamble
http://www.pg.com/investors/sectionmain.shtml
Saks Fifth Avenue
http://phx.corporate-ir.net/phoenix.zhtml?c=110111&p=irol-irhome

Toyota
http://www.toyota.co.jp/en/ir/index.html

Time Warner
http://ir.timewarner.com/phoenix.zhtml?c=70972&p=irol-irhome

Verizon
http://investor.verizon.com/

Virgin Media
http://investors.virginmedia.com/phoenix.zhtml?c=135485&p=irol-irhome

Walgreens
http://investor.walgreens.com/

Walmart
http://investors.walmartstores.com/phoenix.zhtml?c=112761&p=irol-irhome

PRESENTAMOS...

Serie Medios Sociales:
Manual de Supervivencia

Así como las personas y las organizaciones están ansiosas de aprovechar las oportunidades, también dudan en aceptar riesgos adicionales, y eso hace que muchos, a caballo de la incertidumbre, queden rezagados respecto de la competencia. **Medios sociales: manual de supervivencia** y los títulos que lo acompañan están diseñados para hacer que los medios sociales sean accesibles, prácticos y fáciles de usar desde el comienzo. La serie **Manuales de supervivencia** lo ayudará a publicitar con éxito en este espacio, a mantener una ventaja competitiva y lograr los resultados esperados, ya sea aumentar sus ventas, obtener el puesto que desea o ganar elecciones.

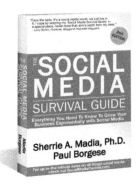 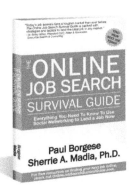 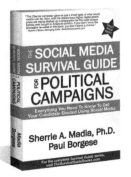

The Social Media Survival Guide

The Online Job Search Survival Guide: Everything You Need to Know to Use Social Networking to Land a Job Now

The Social Media Survival Guide for Political Campaigns: Everything You Need to Know to Get Your Candidate Elected Using Social Media

SocialMediaSurvivalGuide.com

www.ingramcontent.com/pod-product-compliance
Lightning Source LLC
La Vergne TN
LVHW042136040326
832903LV00011B/272/J

* 9 7 8 0 9 8 2 6 1 8 5 2 3 *